*Das 4. Geschichtsbuch
aus dem Neuen Testament der Bibel*

# Das Evangelium nach Johannes

*Jesus Christus -
Das ewige Wort Gottes,
das Mensch wurde*

*Übersetzung nach
Martin Luther 1545*

*Bibliografische Information der Deutschen Nationalbibliothek:*
*Die Deutsche Nationalbibliothek verzeichnet diese Publikation in der Deutschen Nationalbibliografie; detaillierte bibliografische Daten sind im Internet über http://dnb.dnb.de abrufbar.*

*TWENTYSIX*
*Eine Marke der Books on Demand GmbH*

© *2021, Antonia Katharina Tessnow*

*Herstellung und Verlag:*
*BoD – Books on Demand, Norderstedt*

*ISBN: 978-3-740-76946-8*

*Übersetzung:* **Martin Luther 1545**

Layout, Schriftsatz, Formatierung:
**Antonia Katharina Tessnow**
www.antonia-katharina.de

## 1. Kapitel

*Das ewige Wort Gottes ist Fleisch geworden. Zeugnis des Täufers vom Lamm Gottes. Erste Jünger Jesu.*

1 Im Anfang war das Wort, und das Wort war bei Gott, und Gott war das Wort.

2 Dasselbe war im Anfang bei Gott.

3 Alle Dinge sind durch dasselbe gemacht, und ohne dasselbe ist nichts gemacht, was gemacht ist.

4 In ihm war das Leben, und das Leben war das Licht der Menschen.

5 Und das Licht scheint in der Finsternis, und die Finsternis hat's nicht begriffen.

6 Es ward ein Mensch von Gott gesandt, der hieß Johannes.

7 Dieser kam zum Zeugnis, daß er von dem Licht zeugte, auf daß sie alle durch ihn glaubten.

8 Er war nicht das Licht, sondern daß er zeugte von dem Licht.

9 Das war das wahrhaftige Licht, welches alle Menschen erleuchtet, die in diese

Welt kommen.

10 Es war in der Welt, und die Welt ist durch dasselbe gemacht; und die Welt kannte es nicht.

11 Er kam in sein Eigentum; und die Seinen nahmen ihn nicht auf.

12 Wie viele ihn aber aufnahmen, denen gab er Macht, Kinder Gottes zu werden, die an seinen Namen glauben;

13 welche nicht von dem Geblüt noch von dem Willen des Fleisches noch von dem Willen eines Mannes, sondern von Gott geboren sind.

14 Und das Wort ward Fleisch und wohnte unter uns, und wir sahen seine Herrlichkeit, eine Herrlichkeit als des eingeborenen Sohnes vom Vater, voller Gnade und Wahrheit.

15 Johannes zeugt von ihm, ruft und spricht: Dieser war es, von dem ich gesagt habe: Nach mir wird kommen, der vor mir gewesen ist; denn er war eher als ich.

16 Und von seiner Fülle haben wir alle genommen Gnade um Gnade.

17 Denn das Gesetz ist durch Moses gegeben; die Gnade und Wahrheit ist

durch Jesum Christum geworden.

18 Niemand hat Gott je gesehen; der eingeborene Sohn, der in des Vaters Schoß ist, der hat es uns verkündigt.

19 Und dies ist das Zeugnis des Johannes, da die Juden sandten von Jerusalem Priester und Leviten, daß sie ihn fragten: Wer bist du?

20 Und er bekannte und leugnete nicht; und er bekannte: Ich bin nicht Christus.

21 Und sie fragten ihn: Was denn? Bist du Elia? Er sprach: Ich bin's nicht. Bist du der Prophet? Und er antwortete: Nein!

22 Da sprachen sie zu ihm: Was bist du denn? Daß wir Antwort geben denen, die uns gesandt haben. Was sagst du von dir selbst?

23 Er sprach: Ich bin eine Stimme eines Predigers in der Wüste: Richtet den Weg des HERRN! wie der Prophet Jesaja gesagt hat.

24 Und die gesandt waren, die waren von den Pharisäern.

25 Und sie fragten ihn und sprachen zu ihm: Warum taufst du denn, so du nicht Christus bist noch Elia noch der Prophet?

26 Johannes antwortete ihnen und

sprach: Ich taufe mit Wasser; aber er ist mitten unter euch getreten, den ihr nicht kennt.

27 Der ist's, der nach mir kommen wird, welcher vor mir gewesen ist, des ich nicht wert bin, daß ich seine Schuhriemen auflöse.

28 Dies geschah zu Bethabara jenseit des Jordans, wo Johannes taufte.

29 Des andern Tages sieht Johannes Jesum zu ihm kommen und spricht: Siehe, das ist Gottes Lamm, welches der Welt Sünde trägt!

30 Dieser ist's, von dem ich gesagt habe: Nach mir kommt ein Mann, welcher vor mir gewesen ist; denn er war eher denn ich.

31 Und ich kannte ihn nicht; sondern auf daß er offenbar würde in Israel, darum bin ich gekommen, zu taufen mit Wasser.

32 Und Johannes zeugte und sprach: Ich sah, daß der Geist herabfuhr wie eine Taube vom Himmel und blieb auf ihm.

33 Und ich kannte ihn nicht; aber der mich sandte, zu taufen mit Wasser, der sprach zu mir: Auf welchen du sehen wirst den Geist herabfahren und auf ihm

bleiben, der ist's, der mit dem heiligen Geist tauft.

34 Und ich sah es und zeugte, daß dieser ist Gottes Sohn.

35 Des andern Tages stand abermals Johannes und zwei seiner Jünger.

36 Und als er Jesum sah wandeln, sprach er: Siehe, das ist Gottes Lamm!

37 Und die zwei Jünger hörten ihn reden und folgten Jesu nach.

38 Jesus aber wandte sich um und sah sie nachfolgen und sprach zu ihnen: Was suchet ihr? Sie aber sprachen zu ihm: Meister, wo bist du zur Herberge?

39 Er sprach zu ihnen: Kommt und sehet's! Sie kamen und sahen's und blieben den Tag bei ihm. Es war aber um die zehnte Stunde.

40 Einer aus den zweien, die von Johannes hörten und Jesus nachfolgten, war Andreas, der Bruder des Simon Petrus.

41 Der findet am ersten seinen Bruder Simon und spricht zu ihm: Wir haben den Messias gefunden (welches ist verdolmetscht: der Gesalbte),

42 und führte ihn zu Jesu. Da ihn Jesus

sah, sprach er: Du bist Simon, Jona's Sohn; du sollst Kephas (Fels) heißen.

43 Des andern Tages wollte Jesus wieder nach Galiläa ziehen und findet Philippus und spricht zu ihm: Folge mir nach!

44 Philippus aber war von Bethsaida, aus der Stadt des Andreas und Petrus.

45 Philippus findet Nathanael und spricht zu ihm: Wir haben den gefunden, von welchem Moses im Gesetz und die Propheten geschrieben haben, Jesum, Joseph's Sohn von Nazareth.

46 Und Nathanael sprach zu ihm: Was kann von Nazareth Gutes kommen? Philippus spricht zu ihm: Komm und sieh es!

47 Jesus sah Nathanael zu sich kommen und spricht von ihm: Siehe, ein rechter Israeliter, in welchem kein Falsch ist.

48 Nathanael spricht zu ihm: Woher kennst du mich? Jesus antwortete und sprach zu ihm: Ehe denn dich Philippus rief, da du unter dem Feigenbaum warst, sah ich dich.

49 Nathanael antwortete und spricht zu ihm: Rabbi, du bist Gottes Sohn, du bist

der König von Israel!

50 Jesus antwortete und sprach zu ihm: Du glaubst, weil ich dir gesagt habe, daß ich dich gesehen habe unter dem Feigenbaum; du wirst noch Größeres denn das sehen.

51 Und spricht zu ihm: Wahrlich, wahrlich ich sage euch: Von nun an werdet ihr den Himmel offen sehen und die Engel Gottes hinauf und herab fahren auf des Menschen Sohn. [Ihr werdet die Geister Gottes auf- und absteigen sehen (1)]

## 2. Kapitel

*Hochzeit zu Kana. Reinigung des Tempels.*

1 Und am dritten Tag ward eine Hochzeit zu Kana in Galiläa; und die Mutter Jesu war da.

2 Jesus aber und seine Jünger wurden auch auf die Hochzeit geladen.

3 Und da es an Wein gebrach, spricht die Mutter Jesu zu ihm: Sie haben nicht Wein.

4 Jesus spricht zu ihr: Weib, was habe ich mit dir zu schaffen? Meine Stunde ist noch nicht gekommen.

5 Seine Mutter spricht zu den Dienern: Was er euch sagt, das tut.

6 Es waren aber allda sechs steinerne Wasserkrüge gesetzt nach der Weise der jüdischen Reinigung, und ging in je einen zwei oder drei Maß.

7 Jesus spricht zu ihnen: Füllet die Wasserkrüge mit Wasser! Und sie füllten sie bis obenan.

8 Und er spricht zu ihnen: Schöpfet nun und bringet's dem Speisemeister! Und sie brachten's.

9 Als aber der Speisemeister kostete den Wein, der Wasser gewesen war, und wußte nicht, woher er kam (die Diener aber wußten's, die das Wasser geschöpft hatten), ruft der Speisemeister den Bräutigam

10 und spricht zu ihm: Jedermann gibt zum ersten guten Wein, und wenn sie trunken geworden sind, alsdann den geringeren; du hast den guten Wein bisher behalten.

11 Das ist das erste Zeichen, das Jesus tat, geschehen zu Kana in Galiläa, und offenbarte seine Herrlichkeit. Und seine Jünger glaubten an ihn.

12 Darnach zog er hinab gen Kapernaum, er, seine Mutter, seine Brüder und seine Jünger; und sie blieben nicht lange daselbst.

13 Und der Juden Ostern war nahe, und Jesus zog hinauf gen Jerusalem.

14 Und er fand im Tempel sitzen, die da Ochsen, Schafe und Tauben feil hatten, und die Wechsler.

15 Und er machte eine Geißel aus Stricken und trieb sie alle zum Tempel hinaus samt den Schafen und Ochsen und verschüttete den Wechslern das Geld und stieß die Tische um

16 und sprach zu denen, die die Tauben feil hatten: tragt das von dannen und macht nicht meines Vaters Haus zum Kaufhause!

17 Seine Jünger aber gedachten daran, daß geschrieben steht: Der Eifer um dein Haus hat mich gefressen.

18 Da antworteten nun die Juden und sprachen zu ihm: Was zeigst du uns für

ein Zeichen, daß du solches tun mögest?

19 Jesus antwortete und sprach zu ihnen: Brechet diesen Tempel, und am dritten Tage will ich ihn aufrichten.

20 Da sprachen die Juden: Dieser Tempel ist in Jahren erbaut; und du willst ihn in drei Tagen aufrichten?

21 (Er aber redete von dem Tempel seines Leibes.

22 Da er nun auferstanden war von den Toten, gedachten seine Jünger daran, daß er dies gesagt hatte, und glaubten der Schrift und der Rede, die Jesus gesagt hatte.)

23 Als er aber zu Jerusalem war am Osterfest, glaubten viele an seinen Namen, da sie die Zeichen sahen, die er tat.

24 Aber Jesus vertraute sich ihnen nicht; denn er kannte sie alle

25 und bedurfte nicht, daß jemand Zeugnis gäbe von einem Menschen; denn er wußte wohl, was im Menschen war.

## 3. Kapitel

*Gespräch Jesu mit Nikodemus.
Johannes zeugt von Christo.*

1 Es war aber ein Mensch unter den Pharisäern mit Namen Nikodemus, ein Oberster unter den Juden.

2 Der kam zu Jesu bei der Nacht und sprach zu ihm: Meister, wir wissen, daß du bist ein Lehrer von Gott gekommen; denn niemand kann die Zeichen tun, die du tust, es sei denn Gott mit ihm.

3 Jesus antwortete und sprach zu ihm: Wahrlich, wahrlich, ich sage dir: Es sei denn, daß jemand von neuem geboren werde, so kann er das Reich Gottes nicht sehen.

4 Nikodemus spricht zu ihm: Wie kann ein Mensch geboren werden wenn er alt ist? Kann er auch wiederum in seiner Mutter Leib gehen und geboren werden?

5 Jesus antwortete: Wahrlich, wahrlich ich sage dir: Es sei denn, daß jemand geboren werde aus Wasser und Geist, so kann er nicht in das Reich Gottes kommen.

6 Was vom Fleisch geboren wird, das ist Fleisch; und was vom Geist geboren wird, das ist Geist.

7 Laß dich's nicht wundern, daß ich dir gesagt habe: Ihr müsset von neuem geboren werden.

8 Der Wind bläst, wo er will, und du hörst sein Sausen wohl; aber du weißt nicht, woher er kommt und wohin er fährt. Also ist ein jeglicher, der aus dem Geist geboren ist.

9 Nikodemus antwortete und sprach zu ihm: Wie mag solches zugehen?

10 Jesus antwortete und sprach zu ihm: Bist du ein Meister in Israel und weißt das nicht?

11 Wahrlich, wahrlich ich sage dir: Wir reden, was wir wissen, und zeugen, was wir gesehen haben; und ihr nehmt unser Zeugnis nicht an.

12 Glaubet ihr nicht, wenn ich euch von irdischen Dingen sage, wie würdet ihr glauben, wenn ich euch von himmlischen Dingen sagen würde?

13 Und niemand fährt gen Himmel, denn der vom Himmel herniedergekommen

ist, nämlich des Menschen Sohn, der im Himmel ist.

14 Und wie Mose in der Wüste eine Schlange erhöht hat, also muß des Menschen Sohn erhöht werden,

15 auf das alle, die an ihn glauben, nicht verloren werden, sondern das ewige Leben haben.

16 Also hat Gott die Welt geliebt, daß er seinen eingeborenen Sohn gab, auf daß alle, die an ihn glauben, nicht verloren werden, sondern das ewige Leben haben.

17 Denn Gott hat seinen Sohn nicht gesandt in die Welt, daß er die Welt richte, sondern daß die Welt durch ihn selig werde.

18 Wer an ihn glaubt, der wird nicht gerichtet; wer aber nicht glaubt, der ist schon gerichtet, denn er glaubt nicht an den Namen des eingeborenen Sohnes Gottes.

19 Das ist aber das Gericht, daß das Licht in die Welt gekommen ist, und die Menschen liebten die Finsternis mehr als das Licht; denn ihre Werke waren böse.

20 Wer arges tut, der haßt das Licht und kommt nicht an das Licht, auf daß seine Werke nicht gestraft werden.

21 Wer aber die Wahrheit tut, der kommt an das Licht, daß seine Werke offenbar werden; denn sie sind in Gott getan.

22 Darnach kam Jesus und seine Jünger in das jüdische Land und hatte daselbst sein Wesen mit ihnen und taufte.

23 Johannes aber taufte auch noch zu Enon, nahe bei Salim, denn es war viel Wasser daselbst; und sie kamen dahin und ließen sich taufen.

24 Denn Johannes war noch nicht ins Gefängnis gelegt.

25 Da erhob sich eine Frage unter den Jüngern des Johannes mit den Juden über die Reinigung.

26 Und sie kamen zu Johannes und sprachen zu ihm: Meister, der bei dir war jenseit des Jordans, von dem du zeugtest, siehe, der tauft, und jedermann kommt zu ihm.

27 Johannes antwortete und sprach: Ein Mensch kann nichts nehmen, es werde ihm denn gegeben vom Himmel.

28 Ihr selbst seid meine Zeugen, daß ich gesagt habe, ich sei nicht Christus, sondern vor ihm her gesandt.

29 Wer die Braut hat, der ist der Bräutigam; der Freund aber des Bräutigams steht und hört ihm zu und freut sich hoch über des Bräutigams Stimme. Diese meine Freude ist nun erfüllt.

30 Er muß wachsen, ich aber muß abnehmen.

31 Der von obenher kommt, ist über alle. Wer von der Erde ist, der ist von der Erde und redet von der Erde. Der vom Himmel kommt, der ist über alle

32 und zeugt, was er gesehen und gehört hat; und sein Zeugnis nimmt niemand an.

33 Wer es aber annimmt, der besiegelt's, daß Gott wahrhaftig sei.

34 Denn welchen Gott gesandt hat, der redet Gottes Worte; denn Gott gibt den Geist nicht nach dem Maß.

35 Der Vater hat den Sohn lieb und hat ihm alles in seine Hand gegeben.

36 Wer an den Sohn glaubt, der hat das ewige Leben. Wer dem Sohn nicht

glaubt, der wird das Leben nicht sehen, sondern der Zorn Gottes bleibt über ihm.

## 4. Kapitel

*Gespräch Jesu mit der Samariterin.*
*Heilung des Sohnes eines Königischen.*

1 Da nun der HERR inneward, daß vor die Pharisäer gekommen war, wie Jesus mehr Jünger machte und taufte denn Johannes

2 (wiewohl Jesus selber nicht taufte, sondern seine Jünger),

3 verließ er das Land Judäa und zog wieder nach Galiläa.

4 Er mußte aber durch Samaria reisen.

5 Da kam er in eine Stadt Samarias, die heißt Sichar, nahe bei dem Feld, das Jakob seinem Sohn Joseph gab.

6 Es war aber daselbst Jakobs Brunnen. Da nun Jesus müde war von der Reise, setzte er sich also auf den Brunnen; und es war um die sechste Stunde.

7 Da kommt ein Weib aus Samaria, Wasser zu schöpfen. Jesus spricht zu ihr:

Gib mir zu trinken!

8 (Denn seine Jünger waren in die Stadt gegangen, daß sie Speise kauften.)

9 Spricht nun das samaritische Weib zu ihm: Wie bittest du von mir zu trinken, so du ein Jude bist, und ich ein samaritisch Weib? (Denn die Juden haben keine Gemeinschaft mit den Samaritern.)

10 Jesus antwortete und sprach zu ihr: Wenn du erkenntest die Gabe Gottes und wer der ist, der zu dir sagt: "Gib mir zu trinken!", du bätest ihn, und er gäbe dir lebendiges Wasser.

11 Spricht zu ihm das Weib: HERR, hast du doch nichts, womit du schöpfest, und der Brunnen ist tief; woher hast du denn lebendiges Wasser?

12 Bist du mehr denn unser Vater Jakob, der uns diesen Brunnen gegeben hat? Und er hat daraus getrunken und seine Kinder und sein Vieh.

13 Jesus antwortete und sprach zu ihr: Wer von diesem Wasser trinkt, den wird wieder dürsten;

14 wer aber von dem Wasser trinken wird, das ich ihm gebe, den wird ewiglich nicht dürsten; sondern das Wasser, das

ich ihm geben werde, das wird in ihm ein Brunnen des Wassers werden, das in das ewige Leben quillt.

15 Spricht das Weib zu ihm: HERR, gib mir dieses Wasser, auf daß mich nicht dürste und ich nicht herkommen müsse, zu schöpfen!

16 Jesus spricht zu ihr: Gehe hin, rufe deinen Mann und komm her!

17 Das Weib antwortete und sprach zu ihm: Ich habe keinen Mann. Jesus spricht zu ihr: Du hast recht gesagt: Ich habe keinen Mann.

18 Fünf Männer hast du gehabt, und den du nun hast, der ist nicht dein Mann; da hast du recht gesagt.

19 Das Weib spricht zu ihm: HERR, ich sehe, daß du ein Prophet bist.

20 Unsere Väter haben auf diesem Berge angebetet, und ihr sagt, zu Jerusalem sei die Stätte, da man anbeten solle.

21 Jesus spricht zu ihr: Weib, glaube mir, es kommt die Zeit, daß ihr weder auf diesem Berge noch zu Jerusalem werdet den Vater anbeten.

22 Ihr wisset nicht, was ihr anbetet; wir

wissen aber, was wir anbeten, denn das Heil kommt von den Juden.

23 Aber es kommt die Zeit und ist schon jetzt, daß die wahrhaftigen Anbeter werden den Vater anbeten im Geist und in der Wahrheit; denn der Vater will haben, die ihn also anbeten.

24 Gott ist Geist, und die ihn anbeten, die müssen ihn im Geist und in der Wahrheit anbeten.

25 Spricht das Weib zu ihm: Ich weiß, daß der Messias kommt, der da Christus heißt. Wenn derselbe kommen wird, so wird er's uns alles verkündigen.

26 Jesus spricht zu ihr: Ich bin's, der mit dir redet.

27 Und über dem kamen seine Jünger, und es nahm sie wunder, daß er mit dem Weib redete. Doch sprach niemand: Was fragst du? oder: Was redest du mit ihr?

28 Da ließ das Weib ihren Krug stehen und ging hin in die Stadt und spricht zu den Leuten:

29 Kommt, seht einen Menschen, der mir gesagt hat alles, was ich getan habe, ob er nicht Christus sei!

30 Da gingen sie aus der Stadt und kamen zu ihm.

31 Indes aber ermahnten ihn die Jünger und sprachen: Rabbi, iß!

32 Er aber sprach zu ihnen: Ich habe eine Speise zu essen, von der ihr nicht wisset.

33 Da sprachen die Jünger untereinander: Hat ihm jemand zu essen gebracht?

34 Jesus spricht zu ihnen: Meine Speise ist die, daß ich tue den Willen des, der mich gesandt hat, und vollende sein Werk.

35 Saget ihr nicht: Es sind noch vier Monate, so kommt die Ernte? Siehe, ich sage euch: Hebet eure Augen auf und sehet in das Feld; denn es ist schon weiß zur Ernte.

36 Und wer da schneidet, der empfängt Lohn und sammelt Frucht zum ewigen Leben, auf daß sich miteinander freuen, der da sät und der da schneidet.

37 Denn hier ist der Spruch wahr: Dieser sät, der andere schneidet.

38 Ich habe euch gesandt, zu schneiden, was ihr nicht gearbeitet habt; andere

haben gearbeitet und ihr seid in ihre Arbeit gekommen.

39 Es glaubten aber an ihn viele der Samariter aus der Stadt um des Weibes Rede willen, welches da zeugte: Er hat mir gesagt alles, was ich getan habe.

40 Als nun die Samariter zu ihm kamen, baten sie ihn, daß er bei ihnen bliebe; und er blieb zwei Tage da.

41 Und viel mehr glaubten um seines Wortes willen

42 und sprachen zum Weibe: Wir glauben nun hinfort nicht um deiner Rede willen; wir haben selber gehört und erkannt, daß dieser ist wahrlich Christus, der Welt Heiland.

43 Aber nach zwei Tagen zog er aus von dannen und zog nach Galiläa.

44 Denn er selber, Jesus, zeugte, daß ein Prophet daheim nichts gilt.

45 Da er nun nach Galiläa kam, nahmen ihn die Galiläer auf, die gesehen hatten alles, was er zu Jerusalem auf dem Fest getan hatte; denn sie waren auch zum Fest gekommen.

46 Und Jesus kam abermals gen Kana in Galiläa, da er das Wasser hatte zu Wein

gemacht.

47 Und es war ein Königischer, des Sohn lag krank zu Kapernaum. Dieser hörte, daß Jesus kam aus Judäa nach Galiläa, und ging hin zu ihm und bat ihn, daß er hinabkäme und hülfe seinem Sohn; denn er war todkrank.

48 Und Jesus sprach zu ihm: Wenn ihr nicht Zeichen und Wunder seht, so glaubet ihr nicht.

49 Der Königische sprach zu ihm: HERR, komm hinab, ehe denn mein Kind stirbt!

50 Jesus spricht zu ihm: Gehe hin, dein Sohn lebt! der Mensch glaubte dem Wort, das Jesus zu ihm sagte, und ging hin.

51 Und indem er hinabging, begegneten ihm seine Knechte, verkündigten ihm und sprachen: Dein Kind lebt.

52 Da forschte er von ihnen die Stunde, in welcher es besser mit ihm geworden war. Und sie sprachen zu ihm: Gestern um die siebente Stunde verließ ihn das Fieber.

53 Da merkte der Vater, daß es um die Stunde wäre, in welcher Jesus zu ihm gesagt hatte: Dein Sohn lebt. Und er glaubte mit seinem ganzen Hause.

54 Das ist nun das andere Zeichen, das Jesus tat, da er aus Judäa nach Galiläa kam.

## 5. Kapitel

*Heilung eines achtunddreißigjährigen Kranken am Teiche Bethesda. Reden Jesu von sich, dem Richter und Totenerwecker.*

1 Darnach war ein Fest der Juden, und Jesus zog hinauf gen Jerusalem.

2 Es ist aber zu Jerusalem bei dem Schaftor ein Teich, der heißt auf hebräisch Bethesda und hat fünf Hallen,

3 in welchem lagen viele Kranke, Blinde, Lahme, Verdorrte, die warteten, wann sich das Wasser bewegte.

4 (Denn ein Engel fuhr herab zu seiner Zeit in den Teich und bewegte das Wasser.) Welcher nun zuerst, nachdem das Wasser bewegt war, hineinstieg, der ward gesund, mit welcherlei Seuche er behaftet war.

5 Es war aber ein Mensch daselbst, achtunddreißig Jahre lang krank gelegen.

6 Da Jesus ihn sah liegen und vernahm, daß er so lange gelegen hatte, spricht er zu ihm: Willst du gesund werden?

7 Der Kranke antwortete ihm: HERR, ich habe keinen Menschen, wenn das Wasser sich bewegt, der mich in den Teich lasse; und wenn ich komme, so steigt ein anderer vor mir hinein.

8 Jesus spricht zu ihm: Stehe auf, nimm dein Bett und gehe hin!

9 Und alsbald ward der Mensch gesund und nahm sein Bett und ging hin. Es war aber desselben Tages der Sabbat.

10 Da sprachen die Juden zu dem, der geheilt worden war: Es ist heute Sabbat; es ziemt dir nicht, das Bett zu tragen.

11 Er antwortete ihnen: Der mich gesund machte, der sprach zu mir: "Nimm dein Bett und gehe hin!"

12 Da fragten sie ihn: Wer ist der Mensch, der zu dir gesagt hat: "Nimm dein Bett und gehe hin!"?

13 Der aber geheilt worden war, wußte nicht, wer es war; denn Jesus war gewichen, da so viel Volks an dem Ort war.

14 Darnach fand ihn Jesus im Tempel

und sprach zu ihm: Siehe zu, du bist gesund geworden; sündige hinfort nicht mehr, daß dir nicht etwas Ärgeres widerfahre.

15 Der Mensch ging hin und verkündete es den Juden, es sei Jesus, der ihn gesund gemacht habe.

16 Darum verfolgten die Juden Jesum und suchten ihn zu töten, daß er solches getan hatte am Sabbat.

17 Jesus aber antwortete Ihnen: Mein Vater wirkt bisher, und ich wirke auch.

18 Darum trachteten ihm die Juden viel mehr nach, daß sie ihn töteten, daß er nicht allein den Sabbat brach, sondern sagte auch, Gott sei sein Vater, und machte sich selbst Gott gleich.

19 Da antwortete Jesus und sprach zu ihnen: Wahrlich, wahrlich, ich sage euch: Der Sohn kann nichts von sich selber tun, sondern was er sieht den Vater tun; denn was dieser tut, das tut gleicherweise auch der Sohn.

20 Der Vater aber hat den Sohn lieb und zeigt ihm alles, was er tut, und wird ihm noch größere Werke zeigen, daß ihr euch verwundern werdet.

21 Denn wie der Vater die Toten auferweckt und macht sie lebendig, also auch der Sohn macht lebendig, welche er will.

22 Denn der Vater richtet niemand; sondern alles Gericht hat er dem Sohn gegeben,

23 auf daß sie alle den Sohn ehren, wie sie den Vater ehren. Wer den Sohn nicht ehrt, der ehrt den Vater nicht, der ihn gesandt hat.

24 Wahrlich, wahrlich, ich sage euch: Wer mein Wort hört und glaubt dem, der mich gesandt hat, der hat das ewige Leben und kommt nicht in das Gericht, sondern er ist vom Tode zum Leben hindurchgedrungen.

25 Wahrlich, wahrlich, ich sage euch: Es kommt die Stunde und ist schon jetzt, daß die Toten werden die Stimme des Sohnes Gottes hören; und die sie hören werden, die werden leben.

26 Denn wie der Vater hat das Leben in ihm selber, also hat er dem Sohn gegeben, das Leben zu haben in ihm selber,

27 und hat ihm Macht gegeben, auch

das Gericht zu halten, darum daß er des Menschen Sohn ist.

28 Verwundert euch des nicht, denn es kommt die Stunde, in welcher alle, die in den Gräbern sind, werden seine Stimme hören,

29 und werden hervorgehen, die da Gutes getan haben, zur Auferstehung des Lebens, die aber Übles getan haben, zur Auferstehung des Gerichts.

30 Ich kann nichts von mir selber tun. Wie ich höre, so richte ich, und mein Gericht ist recht; denn ich suche nicht meinen Willen, sondern des Vaters Willen, der mich gesandt hat.

31 So ich von mir selbst zeuge, so ist mein Zeugnis nicht wahr.

32 Ein anderer ist's, der von mir zeugt; und ich weiß, daß das Zeugnis wahr ist, das er von mir zeugt.

33 Ihr schicktet zu Johannes, und er zeugte von der Wahrheit.

34 Ich aber nehme nicht Zeugnis von Menschen; sondern solches sage ich, auf daß ihr selig werdet.

35 Er war ein brennend und scheinend Licht; ihr aber wolltet eine kleine Weile

fröhlich sein in seinem Lichte.

36 Ich aber habe ein größeres Zeugnis; denn des Johannes Zeugnis; denn die Werke, die mir der Vater gegeben hat, daß ich sie vollende, eben diese Werke, die ich tue, zeugen von mir, daß mich der Vater gesandt habe.

37 Und der Vater, der mich gesandt hat, derselbe hat von mir gezeugt. Ihr habt nie weder seine Stimme gehört noch seine Gestalt gesehen,

38 und sein Wort habt ihr nicht in euch wohnend; denn ihr glaubt dem nicht, den er gesandt hat.

39 Suchet in der Schrift; denn ihr meinet, ihr habet das ewige Leben darin; und sie ist's, die von mir zeuget;

40 und ihr wollt nicht zu mir kommen, daß ihr das Leben haben möchtet.

41 Ich nehme nicht Ehre von Menschen;

42 aber ich kenne euch, daß ihr nicht Gottes Liebe in euch habt.

43 Ich bin gekommen in meines Vaters Namen, und ihr nehmet mich nicht an. So ein anderer wird in seinem eigenen Namen kommen, den werdet ihr annehmen.

44 Wie könnet ihr glauben, die ihr Ehre voneinander nehmet? und die Ehre, die von Gott allein ist, suchet ihr nicht.

45 Ihr sollt nicht meinen, daß ich euch vor dem Vater verklagen werde; es ist einer, der euch verklagt, der Mose, auf welchen ihr hofft.

46 Wenn ihr Mose glaubtet, so glaubtet ihr auch mir; denn er hat von mir geschrieben.

47 So ihr aber seinen Schriften nicht glaubt, wie werdet ihr meinen Worten glauben?

## 6. Kapitel

*Jesus speist fünftausend Mann, wandelt auf dem Meer und redet von sich selbst als dem Brote des Lebens und von dem Genuß seines Fleisches und Blutes. Bekenntnis des Petrus.*

1 Darnach fuhr Jesus weg über das Meer an der Stadt Tiberias in Galiläa.

2 Und es zog ihm viel Volks nach, darum daß sie die Zeichen sahen, die er an den Kranken tat.

3 Jesus aber ging hinauf auf einen Berg und setzte sich daselbst mit seinen Jüngern.

4 Es war aber nahe Ostern, der Juden Fest.

5 Da hob Jesus seine Augen auf und sieht, daß viel Volks zu ihm kommt, und spricht zu Philippus: Wo kaufen wir Brot, daß diese essen?

6 (Das sagte er aber, ihn zu versuchen; denn er wußte wohl, was er tun wollte.)

7 Philippus antwortete ihm: Für zweihundert Groschen Brot ist nicht genug unter sie, daß ein jeglicher unter ihnen ein wenig nehme.

8 Spricht zu ihm einer seiner Jünger, Andreas, der Bruder des Simon Petrus:

9 Es ist ein Knabe hier, der hat fünf Gerstenbrote und zwei Fische; aber was ist das unter so viele?

10 Jesus aber sprach: Schaffet, daß sich das Volk lagert. Es war aber viel Gras an dem Ort. Da lagerten sich bei fünftausend Mann.

11 Jesus aber nahm die Brote, dankte und gab sie den Jüngern, die Jünger aber denen, die sich gelagert hatten;

desgleichen auch von den Fischen, wieviel sie wollten.

12 Da sie aber satt waren, sprach er zu seinen Jüngern: Sammelt die übrigen Brocken, daß nichts umkommt.

13 Da sammelten sie und füllten zwölf Körbe mit Brocken von den fünf Gerstenbroten, die übrig blieben denen, die gespeist worden.

14 Da nun die Menschen das Zeichen sahen, das Jesus tat, sprachen sie: Das ist wahrlich der Prophet, der in die Welt kommen soll.

15 Da Jesus nun merkte, daß sie kommen würden und ihn haschen, daß sie ihn zum König machten, entwich er abermals auf den Berg, er selbst allein.

16 Am Abend aber gingen die Jünger hinab an das Meer

17 und traten in das Schiff und kamen über das Meer gen Kapernaum. Und es war schon finster geworden, und Jesus war nicht zu ihnen gekommen.

18 Und das Meer erhob sich von einem großen Winde.

19 Da sie nun gerudert hatten bei fünfundzwanzig oder dreißig Feld Wegs,

sahen sie Jesum auf dem Meere dahergehen und nahe zum Schiff kommen; und sie fürchteten sich.

20 Er aber sprach zu ihnen: Ich bin's; fürchtet euch nicht!

21 Da wollten sie ihn in das Schiff nehmen; und alsbald war das Schiff am Lande, da sie hin fuhren.

22 Des anderen Tages sah das Volk, das diesseit des Meeres stand, daß kein anderes Schiff daselbst war denn das eine, darin seine Jünger getreten waren, und daß Jesus nicht mit seinen Jüngern in das Schiff getreten war, sondern allein seine Jünger waren weggefahren.

23 Es kamen aber andere Schiffe von Tiberias nahe zur Stätte, da sie das Brot gegessen hatten durch des HERRN Danksagung.

24 Da nun das Volk sah, daß Jesus nicht da war noch seine Jünger, traten sie auch in Schiffe und kamen gen Kapernaum und suchten Jesum.

25 Und da sie ihn fanden jenseit des Meeres, sprachen sie zu ihm: Rabbi, wann bist du hergekommen?

26 Jesus antwortete ihnen und sprach:

Wahrlich, wahrlich ich sage euch: Ihr suchet mich nicht darum, daß ihr Zeichen gesehen habt, sondern daß ihr von dem Brot gegessen habt und seid satt geworden.

27 Wirket Speise, nicht, die vergänglich ist, sondern die da bleibt in das ewige Leben, welche euch des Menschen Sohn geben wird; denn den hat Gott der Vater versiegelt.

28 Da sprachen sie zu ihm: Was sollen wir tun, daß wir Gottes Werke wirken?

29 Jesus antwortete und sprach zu ihnen: Das ist Gottes Werk, daß ihr an den glaubt, den er gesandt hat.

30 Da sprachen sie zu ihm: Was tust du denn für ein Zeichen, auf daß wir sehen und glauben dir? Was wirkst du?

31 Unsere Väter haben Manna gegessen in der Wüste, wie geschrieben steht: "Er gab ihnen Brot vom Himmel zu essen."

32 Da sprach Jesus zu ihnen: Wahrlich, wahrlich ich sage euch: Mose hat euch nicht das Brot vom Himmel gegeben, sondern mein Vater gibt euch das rechte Brot vom Himmel.

33 Denn dies ist das Brot Gottes, das

vom Himmel kommt und gibt der Welt das Leben.

34 Da sprachen sie zu ihm: HERR, gib uns allewege solch Brot.

35 Jesus aber sprach zu ihnen: Ich bin das Brot des Lebens. Wer zu mir kommt, den wird nicht hungern; und wer an mich glaubt, den wird nimmermehr dürsten.

36 Aber ich habe es euch gesagt, daß ihr mich gesehen habt, und glaubet doch nicht.

37 Alles, was mir mein Vater gibt, das kommt zu mir; und wer zu mir kommt, den werde ich nicht hinausstoßen.

38 Denn ich bin vom Himmel gekommen, nicht daß ich meinen Willen tue, sondern den Willen des, der mich gesandt hat.

39 Das ist aber der Wille des Vaters, der mich gesandt hat, daß ich nichts verliere von allem, was er mir gegeben hat, sondern daß ich's auferwecke am Jüngsten Tage.

40 Denn das ist der Wille des, der mich gesandt hat, daß, wer den Sohn sieht und glaubt an ihn, habe das ewige Leben; und

ich werde ihn auferwecken am Jüngsten Tage.

41 Da murrten die Juden darüber, daß er sagte: Ich bin das Brot, daß vom Himmel gekommen ist,

42 und sprachen: Ist dieser nicht Jesus, Josephs Sohn, des Vater und Mutter wir kennen? Wie spricht er denn: Ich bin vom Himmel gekommen?

43 Jesus antwortete und sprach zu ihnen: Murret nicht untereinander.

44 Es kann niemand zu mir kommen, es sei denn, daß ihn ziehe der Vater, der mich gesandt hat; und ich werde ihn auferwecken am Jüngsten Tage.

45 Es steht geschrieben in den Propheten: "Sie werden alle von Gott gelehrt sein." [Sie werden alle von Gott unterwiesen sein (2)] Wer es nun hört vom Vater und lernt es, der kommt zu mir.

46 Nicht daß jemand den Vater habe gesehen, außer dem, der vom Vater ist; der hat den Vater gesehen.

47 Wahrlich, wahrlich ich sage euch: Wer an mich glaubt, der hat das ewige Leben.

48 Ich bin das Brot des Lebens.

49 Eure Väter haben Manna gegessen in der Wüste und sind gestorben.

50 Dies ist das Brot, das vom Himmel kommt, auf daß, wer davon isset, nicht sterbe.

51 Ich bin das lebendige Brot, vom Himmel gekommen. Wer von diesem Brot essen wird, der wird leben in Ewigkeit. Und das Brot, daß ich geben werde, ist mein Fleisch, welches ich geben werde für das Leben der Welt.

52 Da zankten die Juden untereinander und sprachen: Wie kann dieser uns sein Fleisch zu essen geben?

53 Jesus sprach zu ihnen: Wahrlich, wahrlich ich sage euch: Werdet ihr nicht essen das Fleisch des Menschensohnes und trinken sein Blut, so habt ihr kein Leben in euch.

54 Wer mein Fleisch isset und trinket mein Blut, der hat das ewige Leben, und ich werde ihn am Jüngsten Tage auferwecken.

55 Denn mein Fleisch ist die rechte Speise, und mein Blut ist der rechte Trank.

56 Wer mein Fleisch isset und trinket mein Blut, der bleibt in mir und ich in ihm.

57 Wie mich gesandt hat der lebendige Vater und ich lebe um des Vaters willen, also, wer mich isset, der wird auch leben um meinetwillen.

58 Dies ist das Brot, das vom Himmel gekommen ist; nicht, wie eure Väter haben Manna gegessen und sind gestorben: wer dies Brot isset, der wird leben in Ewigkeit.

59 Solches sagte er in der Schule, da er lehrte zu Kapernaum.

60 Viele nun seine Jünger, die das hörten, sprachen: Das ist eine harte Rede; wer kann sie hören?

61 Da Jesus aber bei sich selbst merkte, daß seine Jünger darüber murrten, sprach er zu ihnen: Ärgert euch das?

62 Wie, wenn ihr denn sehen werdet des Menschen Sohn auffahren dahin, da er zuvor war?

63 Der Geist ist's, der da lebendig macht; das Fleisch ist nichts nütze. Die Worte, die ich rede, die sind Geist und sind Leben.

64 Aber es sind etliche unter euch, die

glauben nicht. (Denn Jesus wußte von Anfang wohl, welche nicht glaubend waren und welcher ihn verraten würde.)

65 Und er sprach: Darum habe ich euch gesagt: Niemand kann zu mir kommen, es sei ihm denn von meinem Vater gegeben.

66 Von dem an gingen seiner Jünger viele hinter sich und wandelten hinfort nicht mehr mit ihm.

67 Da sprach Jesus zu den Zwölfen: Wollt ihr auch weggehen?

68 Da antwortete ihm Simon Petrus: HERR, wohin sollen wir gehen? Du hast Worte des ewigen Lebens;

69 und wir haben geglaubt und erkannt, daß du bist Christus, der Sohn des lebendigen Gottes.

70 Jesus antwortete ihnen: Habe ich nicht euch Zwölf erwählt? und - euer einer ist ein Teufel!

71 Er redete aber von dem Judas, Simons Sohn, Ischariot; der verriet ihn hernach, und war der Zwölfe einer.

## 7. Kapitel

*Jesus auf dem Laubhüttenfest, redet von seiner Lehre, seinem Weggang und dem heiligen Geist. Des Volkes und der Pharisäer Verhalten gegen ihn.*

1 Darnach zog Jesus umher in Galiläa; denn er wollte nicht in Judäa umherziehen, darum daß ihm die Juden nach dem Leben stellten.

2 Es war aber nahe der Juden Fest, die Laubhütten.

3 Da sprachen seine Brüder zu ihm: Mache dich auf von dannen und gehe nach Judäa, auf daß auch deine Jünger sehen, die Werke die du tust.

4 Niemand tut etwas im Verborgenen und will doch frei offenbar sein. Tust du solches, so offenbare dich vor der Welt.

5 Denn auch seine Brüder glaubten nicht an ihn.

6 Da spricht Jesus zu ihnen: Meine Zeit ist noch nicht hier; eure Zeit aber ist allewege.

7 Die Welt kann euch nicht hassen; mich aber haßt sie, denn ich zeuge von ihr,

daß ihre Werke böse sind.

8 Gehet ihr hinauf auf dieses Fest; ich will noch nicht hinaufgehen auf dieses Fest, denn meine Zeit ist noch nicht erfüllt.

9 Da er aber das zu ihnen gesagt, blieb er in Galiläa.

10 Als aber seine Brüder waren hinaufgegangen, da ging er auch hinauf zu dem Fest, nicht offenbar, sondern wie heimlich.

11 Da suchten ihn die Juden am Fest und sprachen: Wo ist der?

12 Und es war ein großes Gemurmel unter dem Volk. Etliche sprachen: Er ist fromm; die andern aber sprachen: Nein, er verführt das Volk.

13 Niemand aber redete frei von ihm um der Furcht willen vor den Juden.

14 Aber mitten im Fest ging Jesus hinauf in den Tempel und lehrte.

15 Und die Juden verwunderten sich und sprachen: Wie kann dieser die Schrift, so er sie doch nicht gelernt hat?

16 Jesus antwortete ihnen und sprach: Meine Lehre ist nicht mein, sondern des, der mich gesandt hat.

17 So jemand will des Willen tun, der

wird innewerden, ob diese Lehre von Gott sei, oder ob ich von mir selbst rede.

18 Wer von sich selbst redet, der sucht seine eigene Ehre; wer aber sucht die Ehre des, der ihn gesandt hat, der ist wahrhaftig, und ist keine Ungerechtigkeit an ihm.

19 Hat euch nicht Mose das Gesetz gegeben? und niemand unter euch tut das Gesetz. Warum sucht ihr mich zu töten?

20 Das Volk antwortete und sprach: Du hast den Teufel; wer versucht dich zu töten?

21 Jesus antwortete und sprach: Ein einziges Werk habe ich getan, und es wundert euch alle.

22 Mose hat euch darum gegeben die Beschneidung, nicht daß sie von Mose kommt, sondern von den Vätern, und ihr beschneidet den Menschen am Sabbat.

23 So ein Mensch die Beschneidung annimmt am Sabbat, auf daß nicht das Gesetz Mose's gebrochen werde, zürnet ihr denn über mich, daß ich den ganzen Menschen habe am Sabbat gesund gemacht?

24 Richtet nicht nach dem Ansehen, sondern richtet ein rechtes Gericht.

25 Da sprachen etliche aus Jerusalem: Ist das nicht der, den sie suchten zu töten?

26 Und siehe zu, er redet frei, und sie sagen nichts. Erkennen unsere Obersten nun gewiß, daß er gewiß Christus sei?

27 Doch wir wissen, woher dieser ist; wenn aber Christus kommen wird, so wird niemand wissen, woher er ist.

28 Da rief Jesus im Tempel und sprach: Ja, ihr kennet mich und wisset, woher ich bin; und von mir selbst bin ich nicht gekommen, sondern es ist ein Wahrhaftiger, der mich gesandt hat, welchen ihr nicht kennet.

29 Ich kenne ihn aber; denn ich bin von ihm, und er hat mich gesandt.

30 Da suchten sie ihn zu greifen; aber niemand legte die Hand an ihn, denn seine Stunde war noch nicht gekommen.

31 Aber viele vom Volk glaubten an ihn und sprachen: Wenn Christus kommen wird, wird er auch mehr Zeichen tun, denn dieser tut?

32 Und es kam vor die Pharisäer, daß das Volk solches von ihm murmelte. Da

sandten die Pharisäer und Hohenpriester Knechte aus, das sie ihn griffen.

33 Da sprach Jesus zu ihnen: Ich bin noch eine kleine Zeit bei euch, und dann gehe ich hin zu dem, der mich gesandt hat.

34 Ihr werdet mich suchen, und nicht finden; und wo ich bin, könnet ihr nicht hin kommen.

35 Da sprachen die Juden untereinander: Wo soll dieser hin gehen, daß wir ihn nicht finden sollen? Will er zu den Zerstreuten unter den Griechen gehen und die Griechen lehren?

36 Was ist das für eine Rede, daß er sagte: "Ihr werdet mich suchen, und nicht finden; und wo ich bin, da könnet ihr nicht hin kommen"?

37 Aber am letzten Tage des Festes, der am herrlichsten war, trat Jesus auf, rief und sprach: Wen da dürstet, der komme zu mir und trinke!

38 Wer an mich glaubt, wie die Schrift sagt, von des Leibe werden Ströme des lebendigen Wassers fließen.

39 Das sagte er aber von dem Geist, welchen empfangen sollten, die an ihn

glaubten; denn der Heilige Geist war noch nicht da, denn Jesus war noch nicht verklärt.

40 Viele nun vom Volk, die diese Rede hörten, sprachen: Dieser ist wahrlich der Prophet.

41 Andere sprachen: Er ist Christus. Etliche aber sprachen: Soll Christus aus Galiläa kommen?

42 Spricht nicht die Schrift: von dem Samen Davids und aus dem Flecken Bethlehem, da David war, soll Christus kommen?

43 Also ward eine Zwietracht unter dem Volk über ihn.

44 Es wollten aber etliche ihn greifen; aber niemand legte die Hand an ihn.

45 Die Knechte kamen zu den Hohenpriestern und Pharisäern; und sie sprachen zu ihnen: Warum habt ihr ihn nicht gebracht?

46 Die Knechte antworteten: Es hat nie ein Mensch also geredet wie dieser Mensch.

47 Da antworteten ihnen die Pharisäer: Seid ihr auch verführt?

48 Glaubt auch irgendein Oberster oder Pharisäer an ihn?

49 sondern das Volk, das nichts vom Gesetz weiß, ist verflucht.

50 Spricht zu ihnen Nikodemus, der bei der Nacht zu ihm kam, welcher einer unter ihnen war:

51 Richtet unser Gesetz auch einen Menschen, ehe man ihn verhört und erkennt, was er tut?

52 Sie antworteten und sprachen zu ihm: Bist du auch ein Galiläer? Forsche und siehe, aus Galiläa steht kein Prophet auf.

53 Und ein jeglicher ging also heim.

## 8. Kapitel

*Die Ehebrecherin. Jesus das Licht der Welt. Rede wider den Unglauben der Juden.*

1 Jesus aber ging an den Ölberg.

2 Und frühmorgens kam er wieder in den Tempel, und alles Volk kam zu ihm; und er setzte sich und lehrte sie.

3 Aber die Schriftgelehrten und Pharisäer brachten ein Weib zu ihm, im

Ehebruch ergriffen, und stellten sie in die Mitte dar

4 und sprachen zu ihm: Meister, dies Weib ist ergriffen auf frischer Tat im Ehebruch.

5 Mose aber hat uns im Gesetz geboten, solche zu steinigen; was sagst du?

6 Das sprachen sie aber, ihn zu versuchen, auf daß sie eine Sache wider ihn hätten. Aber Jesus bückte sich nieder und schrieb mit dem Finger auf die Erde.

7 Als sie nun anhielten, ihn zu fragen, richtete er sich auf und sprach zu ihnen: Wer unter euch ohne Sünde ist, der werfe den ersten Stein auf sie.

8 Und bückte sich wieder nieder und schrieb auf die Erde.

9 Da sie aber das hörten, gingen sie hinaus (von ihrem Gewissen überführt), einer nach dem andern, von den Ältesten bis zu den Geringsten; und Jesus ward gelassen allein und das Weib in der Mitte stehend.

10 Jesus aber richtete sich auf; und da er niemand sah denn das Weib, sprach er zu ihr: Weib, wo sind sie, deine Verkläger? Hat dich niemand verdammt?

11 Sie aber sprach: HERR, niemand. Jesus aber sprach: So verdamme ich dich auch nicht; gehe hin und sündige hinfort nicht mehr!

12 Da redete Jesus abermals zu ihnen und sprach: Ich bin das Licht der Welt; wer mir nachfolgt, der wird nicht wandeln in der Finsternis, sondern wird das Licht des Lebens haben.

13 Da sprachen die Pharisäer zu ihm: Du zeugst von dir selbst; dein Zeugnis ist nicht wahr.

14 Jesus antwortete und sprach zu ihnen: So ich von mir selbst zeugen würde, so ist mein Zeugnis wahr; denn ich weiß, woher ich gekommen bin und wohin ich gehe; ihr aber wißt nicht, woher ich komme und wohin ich gehe.

15 Ihr richtet nach dem Fleisch; ich richte niemand.

16 So ich aber richte, so ist mein Gericht recht; denn ich bin nicht allein, sondern ich und der Vater, der mich gesandt hat.

17 Auch steht in eurem Gesetz geschrieben, daß zweier Menschen Zeugnis wahr sei.

18 Ich bin's, der ich von mir selbst

zeuge; und der Vater, der mich gesandt hat, zeugt auch von mir.

19 Da sprachen sie zu ihm: Wo ist dein Vater? Jesus antwortete: Ihr kennt weder mich noch meinen Vater; wenn ihr mich kenntet, so kenntet ihr auch meinen Vater.

20 Diese Worte redete Jesus an dem Gotteskasten, da er lehrte im Tempel; und niemand griff ihn, denn seine Stunde war noch nicht gekommen.

21 Da sprach Jesus abermals zu ihnen: Ich gehe hinweg, und ihr werdet mich suchen und in eurer Sünde sterben. Wo ich hin gehe, da könnet ihr nicht hin kommen.

22 Da sprachen die Juden: Will er sich denn selbst töten, daß er spricht: "Wohin ich gehe, da könnet ihr nicht hin kommen"?

23 Und er sprach zu ihnen: Ihr seid von untenher, ich bin von obenher; ihr seid von dieser Welt, ich bin nicht von dieser Welt.

24 So habe ich euch gesagt, daß ihr sterben werdet in euren Sünden; denn so ihr nicht glaubt, daß ich es sei, so werdet

ihr sterben in euren Sünden.

25 Da sprachen sie zu ihm: Wer bist du denn? Und Jesus sprach zu ihnen: Erstlich der, der ich mit euch rede.

26 Ich habe viel von euch zu reden und zu richten; aber der mich gesandt hat, ist wahrhaftig, und was ich von ihm gehört habe, das rede ich vor der Welt.

27 Sie verstanden aber nicht, daß er ihnen von dem Vater sagte.

28 Da sprach Jesus zu ihnen: Wenn ihr des Menschen Sohn erhöhen werdet, dann werdet ihr erkennen, daß ich es sei und nichts von mir selber tue, sondern wie mich mein Vater gelehrt hat, so rede ich.

29 Und der mich gesandt hat, ist mit mir. Der Vater läßt mich nicht allein; denn ich tue allezeit, was ihm gefällt.

30 Da er solches redete, glaubten viele an ihn.

31 Da sprach nun Jesus zu den Juden, die an ihn glaubten: So ihr bleiben werdet an meiner Rede, so seid ihr meine rechten Jünger

32 und werdet die Wahrheit erkennen, und die Wahrheit wird euch frei machen.

33 Da antworteten sie ihm: Wir sind Abrahams Samen, sind niemals jemandes Knecht gewesen; wie sprichst du denn: "Ihr sollt frei werden"?

34 Jesus antwortete ihnen und sprach: Wahrlich, wahrlich ich sage euch: Wer Sünde tut, der ist der Sünde Knecht.

35 Der Knecht aber bleibt nicht ewiglich im Hause; der Sohn bleibt ewiglich.

36 So euch nun der Sohn frei macht, so seid ihr recht frei.

37 Ich weiß wohl, daß ihr Abrahams Samen seid; aber ihr sucht mich zu töten, denn meine Rede fängt nicht bei euch.

38 Ich rede, was ich von meinem Vater gesehen habe; so tut ihr, was ihr von eurem Vater gesehen habt.

39 Sie antworteten und sprachen zu ihm: Abraham ist unser Vater. Spricht Jesus zu ihnen: Wenn ihr Abrahams Kinder wärt, so tätet ihr Abrahams Werke.

40 Nun aber sucht ihr mich zu töten, einen solchen Menschen, der ich euch die Wahrheit gesagt habe, die ich von Gott gehört habe. Das hat Abraham nicht getan.

41 Ihr tut eures Vaters Werke. Da

sprachen sie zu ihm: Wir sind nicht unehelich geboren, wir haben einen Vater, Gott.

42 Jesus sprach zu ihnen: Wäre Gott euer Vater, so liebtet ihr mich; denn ich bin ausgegangen und komme von Gott; denn ich bin nicht von mir selber gekommen, sondern er hat mich gesandt.

43 Warum kennet ihr denn meine Sprache nicht? Denn ihr könnt ja mein Wort nicht hören.

44 Ihr seid von dem Vater, dem Teufel, und nach eures Vaters Lust wollt ihr tun. Der ist ein Mörder von Anfang und ist nicht bestanden in der Wahrheit; denn die Wahrheit ist nicht in ihm. Wenn er die Lüge redet, so redet er von seinem Eigenen; denn er ist ein Lügner und ein Vater derselben.

45 Ich aber, weil ich die Wahrheit sage, so glaubet ihr mir nicht.

46 Welcher unter euch kann mich einer Sünde zeihen? So ich aber die Wahrheit sage, warum glaubet ihr mir nicht?

47 Wer von Gott ist, der hört Gottes Worte; darum hört ihr nicht, denn ihr seid nicht von Gott.

48 Da antworteten die Juden und sprachen zu ihm: Sagen wir nicht recht, daß du ein Samariter bist und hast den Teufel?

49 Jesus antwortete: Ich habe keinen Teufel, sondern ich ehre meinen Vater, und ihr unehret mich.

50 Ich suche nicht meine Ehre; es ist aber einer, der sie sucht, und richtet.

51 Wahrlich, wahrlich ich sage euch: So jemand mein Wort wird halten, der wird den Tod nicht sehen ewiglich.

52 Da sprachen die Juden zu ihm: Nun erkennen wir, daß du den Teufel hast. Abraham ist gestorben und die Propheten, und du sprichst: "So jemand mein Wort hält, der wird den Tod nicht schmecken ewiglich."

53 Bist du denn mehr als unser Vater Abraham, welcher gestorben ist? Und die Propheten sind gestorben. Was machst du aus dir selbst?

54 Jesus antwortete: So ich mich selber ehre, so ist meine Ehre nichts. Es ist aber mein Vater, der mich ehrt, von welchem ihr sprecht, er sei euer Gott;

55 und kennet ihn nicht, ich aber kenne

ihn. Und so ich würde sagen: Ich kenne ihn nicht, so würde ich ein Lügner, gleichwie ihr seid. Aber ich kenne ihn und halte sein Wort.

56 Abraham, euer Vater, ward froh, daß er meinen Tag sehen sollte; und er sah ihn und freute sich.

57 Da sprachen die Juden zu ihm: Du bist noch nicht fünfzig Jahre alt und hast Abraham gesehen?

58 Jesus sprach zu ihnen: Wahrlich, wahrlich ich sage euch: Ehe denn Abraham ward, bin ich.

59 Da hoben sie Steine auf, daß sie auf ihn würfen. Aber Jesus verbarg sich und ging zum Tempel hinaus.

## 9. Kapitel

*Heilung eines Blindgeborenen am Sabbat. Untersuchung dieses Wunders.*

1 Und Jesus ging vorüber und sah einen, der blind geboren war.

2 Und seine Jünger fragten ihn und sprachen: Meister, wer hat gesündigt,

dieser oder seine Eltern, daß er ist blind geboren?

3 Jesus antwortete: Es hat weder dieser gesündigt noch seine Eltern, sondern daß die Werke Gottes offenbar würden an ihm.

4 Ich muß wirken die Werke des, der mich gesandt hat, solange es Tag ist; es kommt die Nacht, da niemand wirken kann.

5 Dieweil ich bin in der Welt, bin ich das Licht der Welt.

6 Da er solches gesagt, spützte er auf die Erde und machte einen Kot aus dem Speichel und schmierte den Kot auf des Blinden Augen

7 und sprach zu ihm: Gehe hin zu dem Teich Siloah (das ist verdolmetscht: gesandt) und wasche dich! Da ging er hin und wusch sich und kam sehend.

8 Die Nachbarn und die ihn zuvor gesehen hatten, daß er ein Bettler war, sprachen: Ist dieser nicht, der dasaß und bettelte?

9 Etliche sprachen: Er ist's, etliche aber: er ist ihm ähnlich. Er selbst aber sprach: Ich bin's.

10 Da sprachen sie zu ihm: Wie sind deine Augen aufgetan worden?

11 Er antwortete und sprach: Der Mensch, der Jesus heißt, machte einen Kot und schmierte meine Augen und sprach: "Gehe hin zu dem Teich Siloah und wasche dich!" Ich ging hin und wusch mich und ward sehend.

12 Da sprachen sie zu ihm: Wo ist er? Er sprach: Ich weiß nicht.

13 Da führten sie ihn zu den Pharisäern, der weiland blind war.

14 (Es war aber Sabbat, da Jesus den Kot machte und seine Augen öffnete.)

15 Da fragten ihn abermals auch die Pharisäer, wie er wäre sehend geworden. Er aber sprach zu ihnen: Kot legte er mir auf die Augen, und ich wusch mich und bin nun sehend.

16 Da sprachen etliche der Pharisäer: Der Mensch ist nicht von Gott, dieweil er den Sabbat nicht hält. Die andern aber sprachen: Wie kann ein sündiger Mensch solche Zeichen tun? Und es ward eine Zwietracht unter ihnen.

17 Sie sprachen wieder zu dem Blinden: Was sagst du von ihm, daß er hat deine

Augen aufgetan? Er aber sprach: Er ist ein Prophet.

18 Die Juden glaubten nicht von ihm, daß er blind gewesen und sehend geworden wäre, bis daß sie riefen die Eltern des, der sehend war geworden,

19 fragten sie und sprachen: Ist das euer Sohn, von welchem ihr sagt, er sei blind geboren? Wie ist er denn nun sehend?

20 Seine Eltern antworteten ihnen und sprachen: Wir wissen, daß dieser unser Sohn ist und daß er blind geboren ist;

21 wie er aber nun sehend ist, wissen wir nicht; oder wer ihm hat seine Augen aufgetan, wissen wir auch nicht. Er ist alt genug, fraget ihn, laßt ihn selbst für sich reden.

22 Solches sagten seine Eltern; denn sie fürchteten sich vor den Juden. Denn die Juden hatten sich schon vereinigt, so jemand ihn für Christus bekennte, daß er in den Bann getan würde.

23 Darum sprachen seine Eltern: er ist alt genug, fraget ihn selbst.

24 Da riefen sie zum andernmal den Menschen, der blind gewesen war, und sprachen zu ihm: Gib Gott die Ehre! wir

wissen, daß dieser Mensch ein Sünder ist.

25 Er antwortete und sprach: Ist er ein Sünder, das weiß ich nicht; eines weiß ich wohl, daß ich blind war und bin nun sehend.

26 Da sprachen sie wieder zu ihm: Was tat er dir? Wie tat er deine Augen auf?

27 Er antwortete ihnen: Ich habe es euch jetzt gesagt; habt ihr's nicht gehört? Was wollt ihr's abermals hören? Wollt ihr auch seine Jünger werden?

28 Da schalten sie ihn und sprachen: Du bist sein Jünger; wir aber sind Moses Jünger.

29 Wir wissen, daß Gott mit Mose geredet hat; woher aber dieser ist, wissen wir nicht.

30 Der Mensch antwortete und sprach zu ihnen: Das ist ein wunderlich Ding, daß ihr nicht wisset, woher er sei, und er hat meine Augen aufgetan.

31 Wir wissen aber, daß Gott die Sünder nicht hört; sondern so jemand gottesfürchtig ist und tut seinen Willen, den hört er.

32 Von der Welt an ist's nicht erhört, daß jemand einem geborenen Blinden die Augen aufgetan habe.

33 Wäre dieser nicht von Gott, er könnte nichts tun.

34 Sie antworteten und sprachen zu ihm: Du bist ganz in Sünde geboren, und lehrst uns? Und stießen ihn hinaus.

35 Es kam vor Jesus, daß sie ihn ausgestoßen hatten. Und da er ihn fand, sprach er zu ihm: Glaubst du an den Sohn Gottes?

36 Er antwortete und sprach: Herr, welcher ist's? auf daß ich an ihn glaube.

37 Jesus sprach zu ihm: Du hast ihn gesehen, und der mit dir redet, der ist's.

38 Er aber sprach: HERR, ich glaube, und betete ihn an.

39 Und Jesus sprach: Ich bin zum Gericht auf diese Welt gekommen, auf daß, die da nicht sehen, sehend werden, und die da sehen, blind werden.

40 Und solches hörten etliche der Pharisäer, die bei ihm waren, und sprachen zu ihm: Sind wir denn auch blind?

41 Jesus sprach zu ihnen: Wärt ihr blind, so hättet ihr keine Sünde; nun ihr aber sprecht: "Wir sind sehend", bleibt eure Sünde.

## 10. Kapitel

*Vom guten Hirten und seinen Schafen.*

1 Wahrlich, wahrlich ich sage euch: Wer nicht zur Tür eingeht in den Schafstall, sondern steigt anderswo hinein, der ist ein Dieb und ein Mörder.

2 Der aber zur Tür hineingeht, der ist ein Hirte der Schafe.

3 Dem tut der Türhüter auf, und die Schafe hören seine Stimme; und er ruft seine Schafe mit Namen und führt sie aus.

4 Und wenn er seine Schafe hat ausgelassen, geht er vor ihnen hin, und die Schafe folgen ihm nach; denn sie kennen seine Stimme.

5 Einem Fremden aber folgen sie nicht nach, sondern fliehen von ihm; denn sie kennen der Fremden Stimme nicht.

6 Diesen Spruch sagte Jesus zu ihnen; sie verstanden aber nicht, was es war, das er zu ihnen sagte.

7 Da sprach Jesus wieder zu ihnen: Wahrlich, wahrlich ich sage euch: Ich bin die Tür zu den Schafen.

8 Alle, die vor mir gekommen sind, die sind Diebe und Mörder; aber die Schafe haben ihnen nicht gehorcht.

9 Ich bin die Tür; so jemand durch mich eingeht, der wird selig werden und wird ein und aus gehen und Weide finden.

10 Ein Dieb kommt nur, daß er stehle, würge und umbringe.

11 Ich bin gekommen, daß sie das Leben und volle Genüge haben sollen.

12 Ich bin der gute Hirte. Der gute Hirte läßt sein Leben für seine Schafe. Der Mietling aber, der nicht Hirte ist, des die Schafe nicht eigen sind, sieht den Wolf kommen und verläßt die Schafe und flieht; und der Wolf erhascht und zerstreut die Schafe.

13 Der Mietling aber flieht; denn er ist ein Mietling und achtet der Schafe nicht.

14 Ich bin der gute Hirte und erkenne die Meinen und bin bekannt den Meinen,

15 wie mich mein Vater kennt und ich kenne den Vater. Und ich lasse mein Leben für die Schafe.

16 Und ich habe noch andere Schafe, die sind nicht aus diesem Stalle; und dieselben muß ich herführen, und sie werden meine Stimme hören, und wird eine Herde und ein Hirte werden.

17 Darum liebt mich mein Vater, daß ich mein Leben lasse, auf daß ich's wiedernehme.

18 Niemand nimmt es von mir, sondern ich lasse es von mir selber. Ich habe Macht, es zu lassen, und habe Macht, es wiederzunehmen. Solch Gebot habe ich empfangen von meinem Vater.

19 Da ward abermals eine Zwietracht unter den Juden über diese Worte.

20 Viele unter ihnen sprachen: Er hat den Teufel und ist unsinnig; was höret ihr ihm zu?

21 Die andern sprachen: Das sind nicht Worte eines Besessenen; kann der Teufel auch der Blinden Augen auftun?

22 Es ward aber Kirchweihe zu Jerusalem und war Winter.

23 Und Jesus wandelte im Tempel in der Halle Salomos.

24 Da umringten ihn die Juden und sprachen zu ihm: Wie lange hältst du unsere Seele auf? Bist du Christus, so sage es uns frei heraus.

25 Jesus antwortete ihnen: Ich habe es euch gesagt, und ihr glaubet nicht. Die Werke, die ich tue in meines Vaters Namen, die zeugen von mir.

26 Aber ihr glaubet nicht; denn ihr seid von meinen Schafen nicht, wie ich euch gesagt habe.

27 Denn meine Schafe hören meine Stimme, und ich kenne sie; und sie folgen mir,

28 und ich gebe ihnen das ewige Leben; und sie werden nimmermehr umkommen, und niemand wird sie mir aus meiner Hand reißen.

29 Der Vater, der sie mir gegeben hat, ist größer denn alles; und niemand kann sie aus meines Vaters Hand reißen.

30 Ich und der Vater sind eins.

31 Da hoben die Juden abermals Steine auf, daß sie ihn steinigten.

32 Jesus antwortete ihnen: Viel gute

Werke habe ich euch erzeigt von meinem Vater; um welches Werk unter ihnen steinigt ihr mich?

33 Die Juden antworteten ihm und sprachen: Um des guten Werks willen steinigen wir dich nicht, sondern um der Gotteslästerung willen und daß du ein Mensch bist und machst dich selbst zu Gott.

34 Jesus antwortete ihnen: Steht nicht geschrieben in eurem Gesetz: "Ich habe gesagt: Ihr seid Götter"?

35 So er die Götter nennt, zu welchen das Wort geschah, und die Schrift kann doch nicht gebrochen werden,

36 sprecht ihr denn zu dem, den der Vater geheiligt und in die Welt gesandt hat: "Du lästerst Gott", darum daß ich sage: Ich bin Gottes Sohn?

37 Tue ich nicht die Werke meines Vaters, so glaubet mir nicht;

38 tue ich sie aber, glaubet doch den Werken, wollt ihr mir nicht glauben, auf daß ihr erkennet und glaubet, daß der Vater in mir ist und ich in ihm.

39 Sie suchten abermals ihn zu greifen; aber er entging ihnen aus ihren Händen

40 und zog hin wieder jenseit des Jordans an den Ort, da Johannes zuvor getauft hatte, und blieb allda.

41 Und viele kamen zu ihm und sprachen: Johannes tat kein Zeichen; aber alles, was Johannes von diesem gesagt hat, das ist wahr.

42 Und glaubten allda viele an ihn.

## 11. Kapitel

*Auferweckung des Lazarus.
Anschläge der Hohenpriester
gegen das Leben Jesu.*

1 Es lag aber einer krank mit Namen Lazarus, von Bethanien, in dem Flecken Marias und ihrer Schwester Martha.

2 (Maria aber war, die den HERRN gesalbt hat mit Salbe und seine Füße getrocknet mit ihrem Haar; deren Bruder, Lazarus, war krank.)

3 Da sandten seine Schwestern zu ihm und ließen ihm sagen: HERR, siehe, den du liebhast, der liegt krank.

4 Da Jesus das hörte, sprach er: Die Krankheit ist nicht zum Tode, sondern zur Ehre Gottes, daß der Sohn Gottes dadurch geehrt werde.

5 Jesus aber hatte Martha lieb und ihre Schwester und Lazarus.

6 Als er nun hörte, daß er krank war, blieb er zwei Tage an dem Ort, da er war.

7 Darnach spricht er zu seinen Jüngern: Laßt uns wieder nach Judäa ziehen!

8 Seine Jünger sprachen zu ihm: Meister, jenes Mal wollten die Juden dich steinigen, und du willst wieder dahin ziehen?

9 Jesus antwortete: Sind nicht des Tages zwölf Stunden? Wer des Tages wandelt, der stößt sich nicht; denn er sieht das Licht dieser Welt.

10 Wer aber des Nachts wandelt, der stößt sich; denn es ist kein Licht in ihm.

11 Solches sagte er, und darnach spricht er zu ihnen: Lazarus, unser Freund, schläft; aber ich gehe hin, daß ich ihn auferwecke.

12 Da sprachen seine Jünger: HERR, schläft er, so wird's besser mit ihm.

13 Jesus aber sagte von seinem Tode; sie meinten aber, er redete vom leiblichen Schlaf.

14 Da sagte es ihnen Jesus frei heraus: Lazarus ist gestorben;

15 und ich bin froh um euretwillen, daß ich nicht dagewesen bin, auf daß ihr glaubt. Aber laßt uns zu ihm ziehen!

16 Da sprach Thomas, der genannt ist Zwilling, zu den Jüngern: Laßt uns mitziehen, daß wir mit ihm sterben!

17 Da kam Jesus und fand ihn, daß er schon vier Tage im Grabe gelegen hatte.

18 Bethanien aber war nahe bei Jerusalem, bei fünfzehn Feld Weges;

19 und viele Juden waren zu Martha und Maria gekommen, sie zu trösten über ihren Bruder.

20 Als Martha nun hörte, daß Jesus kommt, geht sie ihm entgegen; Maria aber blieb daheim sitzen.

21 Da sprach Martha zu Jesus: HERR, wärest du hier gewesen, mein Bruder wäre nicht gestorben!

22 Aber ich weiß auch noch, daß, was du bittest von Gott, das wird dir Gott geben.

23 Jesus spricht zu ihr: Dein Bruder soll auferstehen.

24 Martha spricht zu ihm: Ich weiß wohl, daß er auferstehen wird in der Auferstehung am Jüngsten Tage.

25 Jesus spricht zu ihr: Ich bin die Auferstehung und das Leben. Wer an mich glaubt, der wird leben, ob er gleich stürbe;

26 und wer da lebet und glaubet an mich, der wird nimmermehr sterben. Glaubst du das?

27 Sie spricht zu ihm: HERR, ja, ich glaube, daß du bist Christus, der Sohn Gottes, der in die Welt gekommen ist.

28 Und da sie das gesagt hatte, ging sie hin und rief ihre Schwester Maria heimlich und sprach: Der Meister ist da und ruft dich.

29 Dieselbe, als sie das hörte, stand sie eilend auf und kam zu ihm.

30 (Denn Jesus war noch nicht in den Flecken gekommen, sondern war noch an dem Ort, da ihm Martha war entgegengekommen.)

31 Die Juden, die bei ihr im Haus waren und sie trösteten, da sie sahen Maria, daß

sie eilend aufstand und hinausging, folgten sie ihr nach und sprachen: Sie geht hin zum Grabe, daß sie daselbst weine.

32 Als nun Maria kam, da Jesus war, und sah ihn, fiel sie zu seinen Füßen und sprach zu ihm: HERR, wärest du hier gewesen, mein Bruder wäre nicht gestorben!

33 Als Jesus sie sah weinen und die Juden auch weinen, die mit ihr kamen, ergrimmte er im Geist und betrübte sich selbst [Ein Schauer befiel seinen Geist und er fühlte sich erschüttert (3)]

34 und sprach: Wo habt ihr ihn hingelegt? Sie sprachen zu ihm: HERR, komm und sieh es!

35 Und Jesus gingen die Augen über.

36 Da sprachen die Juden: Siehe, wie hat er ihn so liebgehabt!

37 Etliche aber unter ihnen sprachen: Konnte, der den Blinden die Augen aufgetan hat, nicht verschaffen, daß auch dieser nicht stürbe?

38 Da ergrimmte Jesus abermals in sich selbst und kam zum Grabe. Es war aber eine Kluft, und ein Stein daraufgelegt.

39 Jesus sprach: Hebt den Stein ab! Spricht zu ihm Martha, die Schwester des Verstorbenen: HERR, er stinkt schon; denn er ist vier Tage gelegen.

40 Jesus spricht zu ihr: Habe ich dir nicht gesagt, so du glauben würdest, du würdest die Herrlichkeit Gottes sehen?

41 Da hoben sie den Stein ab, da der Verstorbene lag. Jesus aber hob seine Augen empor und sprach: Vater, ich danke dir, daß du mich erhört hast.

42 Doch ich weiß, daß du mich allezeit hörst; aber um des Volkes willen, das umhersteht, sage ich's, daß sie glauben, du habest mich gesandt.

43 Da er das gesagt hatte, rief er mit lauter Stimme: Lazarus, komm heraus!

44 Und der Verstorbene kam heraus, gebunden mit Grabtüchern an Füßen und Händen und sein Angesicht verhüllt mit dem Schweißtuch. Jesus spricht zu ihnen: Löset ihn auf und lasset ihn gehen!

45 Viele nun der Juden, die zu Maria gekommen waren und sahen, was Jesus tat, glaubten an ihn.

46 Etliche aber von ihnen gingen hin zu den Pharisäern und sagten ihnen, was Jesus getan hatte.

47 Da versammelten die Hohenpriester und die Pharisäer einen Rat und sprachen: Was tun wir? Dieser Mensch tut viele Zeichen.

48 Lassen wir ihn also, so werden sie alle an ihn glauben; so kommen dann die Römer und nehmen uns Land und Leute.

49 Einer aber unter ihnen, Kaiphas, der desselben Jahres Hoherpriester war, sprach zu ihnen: Ihr wisset nichts,

50 bedenket auch nichts; es ist uns besser ein Mensch sterbe für das Volk, denn daß das ganze Volk verderbe.

51 (Solches aber redete er nicht von sich selbst, sondern weil er desselben Jahres Hoherpriester war, weissagte er. Denn Jesus sollte sterben für das Volk;

52 und nicht für das Volk allein, sondern daß er auch die Kinder Gottes, die zerstreut waren, zusammenbrächte.)

53 Von dem Tage an ratschlagten sie, wie sie ihn töteten.

54 Jesus aber wandelte nicht mehr frei unter den Juden, sondern ging von

dannen in eine Gegend nahe bei der Wüste, in eine Stadt, genannt Ephrem, und hatte sein Wesen daselbst mit seinen Jüngern.

55 Es war aber nahe das Ostern der Juden; und es gingen viele aus der Gegend hinauf gen Jerusalem vor Ostern, daß sie sich reinigten.

56 Da standen sie und fragten nach Jesus und redeten miteinander im Tempel: Was dünkt euch, daß er nicht kommt auf das Fest?

57 Es hatten aber die Hohenpriester und Pharisäer lassen ein Gebot ausgehen: so jemand wüßte, wo er wäre, daß er's anzeige, daß sie ihn griffen.

## 12. Kapitel

*Salbung Jesu zu Bethanien. Einzug in Jerusalem. Von der Frucht seines Todes. Stimme vom Himmel. Unglaube der Juden.*

1 Sechs Tage vor Ostern kam Jesus gen Bethanien, da Lazarus war, der Verstorbene, welchen Jesus auferweckt

hatte von den Toten.

2 Daselbst machten sie ihm ein Abendmahl, und Martha diente; Lazarus aber war deren einer, die mit ihm zu Tische saßen.

3 Da nahm Maria ein Pfund Salbe von ungefälschter, köstlicher Narde und salbte die Füße Jesu und trocknete mit ihrem Haar seine Füße; das Haus aber ward voll vom Geruch der Salbe.

4 Da sprach seiner Jünger einer, Judas, Simons Sohn, Ischariot, der ihn hernach verriet:

5 Warum ist diese Salbe nicht verkauft um dreihundert Groschen und den Armen gegeben?

6 Das sagte er aber nicht, daß er nach den Armen fragte; sondern er war ein Dieb und hatte den Beutel und trug, was gegeben ward.

7 Da sprach Jesus: Laß sie in Frieden! Solches hat sie behalten zum Tage meines Begräbnisses.

8 Denn Arme habt ihr allezeit bei euch; mich aber habt ihr nicht allezeit.

9 Da erfuhr viel Volks der Juden, daß er daselbst war; und sie kamen nicht um

Jesu willen allein, sondern daß sie auch Lazarus sähen, welchen er von den Toten auferweckt hatte.

10 Aber die Hohenpriester trachteten darnach, daß sie auch Lazarus töteten;

11 denn um seinetwillen gingen viele Juden hin und glaubten an Jesus.

12 Des andern Tages, da viel Volks, das aufs Fest gekommen war, hörte, daß Jesus käme gen Jerusalem,

13 nahmen sie Palmenzweige und gingen hinaus ihm entgegen und schrieen: Hosianna! Gelobt sei, der da kommt in dem Namen des HERRN, der König von Israel!

14 Jesus aber fand ein Eselein und ritt darauf; wie denn geschrieben steht:

15 "Fürchte dich nicht du Tochter Zion! Siehe, dein König kommt, reitend auf einem Eselsfüllen."

16 Solches verstanden seine Jünger zuvor nicht; sondern da Jesus verklärt ward, da dachten sie daran, daß solches von ihm geschrieben war und sie solches ihm getan hatten.

17 Das Volk aber, das mit ihm war, da er Lazarus aus dem Grabe rief und von den Toten auferweckte, rühmte die Tat.

18 Darum ging ihm auch das Volk entgegen, da sie hörten, er hätte solches Zeichen getan.

19 Die Pharisäer aber sprachen untereinander: Ihr sehet, daß ihr nichts ausrichtet; siehe, alle Welt läuft ihm nach!

20 Es waren aber etliche Griechen unter denen, die hinaufgekommen waren, daß sie anbeten auf dem Fest.

21 Die traten zu Philippus, der von Bethsaida aus Galiläa war, baten ihn und sprachen: Herr, wir wollten Jesum gerne sehen.

22 Philippus kommt und sagt es Andreas, und Philippus und Andreas sagten's weiter Jesus.

23 Jesus aber antwortete ihnen und sprach: Die Zeit ist gekommen, daß des Menschen Sohn verklärt werde.

24 Wahrlich, wahrlich ich sage euch: Es sei denn, daß das Weizenkorn in die Erde falle und ersterbe, so bleibt's allein; wo es aber erstirbt, so bringt es viele Früchte.

25 Wer sein Leben liebhat, der wird's verlieren; und wer sein Leben auf dieser Welt haßt, der wird's erhalten zum ewigen Leben.

26 Wer mir dienen will, der folge mir nach; und wo ich bin, da soll mein Diener auch sein. Und wer mir dienen wird, den wird mein Vater ehren.

27 Jetzt ist meine Seele betrübt. Und was soll ich sagen? Vater, hilf mir aus dieser Stunde! Doch darum bin ich in die Welt gekommen.

28 Vater verkläre deinen Namen! Da kam eine Stimme vom Himmel: Ich habe ihn verklärt und will ihn abermals verklären.

29 Da sprach das Volk, das dabeistand und zuhörte: Es donnerte. Die andern sprachen: Es redete ein Engel mit ihm.

30 Jesus antwortete und sprach: Diese Stimme ist nicht um meinetwillen geschehen, sondern um euretwillen.

31 Jetzt geht das Gericht über die Welt; nun wird der Fürst dieser Welt ausgestoßen werden.

32 Und ich, wenn ich erhöht werde von der Erde, so will ich sie alle zu mir ziehen.

33 (Das sagte er aber, zu deuten, welches Todes er sterben würde.)

34 Da antwortete ihm das Volk: Wir haben gehört im Gesetz, daß Christus ewiglich bleibe; und wie sagst du denn: "Des Menschen Sohn muß erhöht werden"? Wer ist dieser Menschensohn?

35 Da sprach Jesus zu ihnen: Es ist das Licht noch eine kleine Zeit bei euch. Wandelt, dieweil ihr das Licht habt, daß euch die Finsternis nicht überfalle. Wer in der Finsternis wandelt, der weiß nicht, wo er hingeht.

36 Glaubet an das Licht, dieweil ihr es habt, auf daß ihr des Lichtes Kinder seid.

37 Solches redete Jesus und ging weg und verbarg sich vor ihnen. Und ob er wohl solche Zeichen vor ihnen getan hatte, glaubten sie doch nicht an ihn,

38 auf daß erfüllet werde der Spruch des Propheten Jesaja, den er sagte: "HERR, wer glaubt unserm Predigen? Und wem ist der Arm des HERRN offenbart?"

39 Darum konnten sie nicht glauben, denn Jesaja sagte abermals:

40 "Er hat ihre Augen verblendet und ihr Herz verstockt, daß sie mit den Augen

nicht sehen noch mit dem Herzen vernehmen und sich bekehren und ich ihnen hülfe."

41 Solches sagte Jesaja, da er seine Herrlichkeit sah und redete von ihm.

42 Doch auch der Obersten glaubten viele an ihn; aber um der Pharisäer willen bekannten sie's nicht, daß sie nicht in den Bann getan würden.

43 Denn sie hatten lieber die Ehre bei den Menschen als die Ehre bei Gott.

44 Jesus aber rief und sprach: Wer an mich glaubt, der glaubt nicht an mich, sondern an den, der mich gesandt hat.

45 Und wer mich sieht, der sieht den, der mich gesandt hat.

46 Ich bin gekommen in die Welt ein Licht, auf daß, wer an mich glaubt, nicht in der Finsternis bleibe.

47 Und wer meine Worte hört, und glaubt nicht, den werde ich nicht richten; denn ich bin nicht gekommen, daß ich die Welt richte, sondern daß ich die Welt selig mache.

48 Wer mich verachtet und nimmt meine Worte nicht auf, der hat schon seinen Richter; das Wort, welches ich geredet

habe, das wird ihn richten am Jüngsten Tage.

49 Denn ich habe nicht von mir selber geredet; sondern der Vater, der mich gesandt hat, der hat mir ein Gebot gegeben, was ich tun und reden soll.

50 Und ich weiß, daß sein Gebot ist das ewige Leben. Darum, was ich rede, das rede ich also, wie mir der Vater gesagt hat.

## 13. Kapitel

*Fußwaschung. Jesus gibt den Jüngern
Vorbild und Gebot der Liebe.
Er bezeichnet seinen Verräter und kündigt
die Verleugnung des Petrus an.*

1 Vor dem Fest aber der Ostern, da Jesus erkannte, daß seine Zeit gekommen war, daß er aus dieser Welt ginge zum Vater: wie hatte er geliebt die Seinen, die in der Welt waren, so liebte er sie bis ans Ende.

2 Und beim Abendessen, da schon der Teufel hatte dem Judas, Simons Sohn,

dem Ischariot, ins Herz gegeben, daß er ihn verriete,

3 und Jesus wußte, daß ihm der Vater alles in seine Hände gegeben und daß er von Gott gekommen war und zu Gott ging:

4 stand er von Abendmahl auf, legte seine Kleider ab und nahm einen Schurz und umgürtete sich.

5 Darnach goß er Wasser in ein Becken, hob an, den Jüngern die Füße zu waschen, und trocknete sie mit dem Schurz, damit er umgürtet war.

6 Da kam er zu Simon Petrus; und der sprach zu ihm: HERR, sollst du mir meine Füße waschen?

7 Jesus antwortete und sprach zu ihm: Was ich tue, das weißt du jetzt nicht; du wirst es aber hernach erfahren.

8 Da sprach Petrus zu ihm: Nimmermehr sollst du meine Füße waschen! Jesus antwortete ihm: Werde ich dich nicht waschen, so hast du kein Teil mit mir.

9 So spricht zu ihm Simon Petrus: HERR, nicht die Füße allein, sondern auch die Hände und das Haupt!

10 Spricht Jesus zu ihm: Wer gewaschen ist, bedarf nichts denn die Füße waschen, sondern er ist ganz rein. Und ihr seid rein, aber nicht alle.

11 (Denn er wußte seinen Verräter wohl; darum sprach er: Ihr seid nicht alle rein.)

12 Da er nun ihre Füße gewaschen hatte, nahm er wieder seine Kleider und setzte sich wieder nieder und sprach abermals zu ihnen: Wisset ihr, was ich euch getan habe?

13 Ihr heißet mich Meister und HERR und saget recht daran, denn ich bin es auch.

14 So nun ich, euer HERR und Meister, euch die Füße gewaschen habe, so sollt ihr auch euch untereinander die Füße waschen.

15 Ein Beispiel habe ich euch gegeben, daß ihr tut, wie ich euch getan habe.

16 Wahrlich, wahrlich ich sage euch: Der Knecht ist nicht größer denn sein Herr, noch der Apostel größer denn der ihn gesandt hat.

17 So ihr solches wisset, selig seid ihr, so ihr's tut.

18 Nicht sage ich von euch allen; ich weiß, welche ich erwählt habe. Aber es muß die Schrift erfüllt werden: "Der mein Brot isset, der tritt mich mit Füßen."

19 Jetzt sage ich's euch, ehe denn es geschieht, auf daß, wenn es geschehen ist, ihr glaubt, daß ich es bin.

20 Wahrlich, wahrlich ich sage euch: Wer aufnimmt, so ich jemand senden werde, der nimmt mich auf; wer aber mich aufnimmt, der nimmt den auf, der mich gesandt hat.

21 Da Jesus solches gesagt hatte, ward er betrübt im Geist und zeugte und sprach: Wahrlich, wahrlich ich sage euch: Einer unter euch wird mich verraten.

22 Da sahen sich die Jünger untereinander an, und ward ihnen bange, von welchem er redete.

23 Es war aber einer unter seinen Jüngern, der zu Tische saß an der Brust Jesu, welchen Jesus liebhatte.

24 Dem winkte Simon Petrus, daß er forschen sollte, wer es wäre, von dem er sagte.

25 Denn derselbe lag an der Brust Jesu, und er sprach zu ihm: HERR, wer ist's?

26 Jesus antwortete: Der ist's, dem ich den Bissen eintauche und gebe. Und er tauchte den Bissen ein und gab ihn Judas, Simons Sohn, dem Ischariot.

27 Und nach dem Bissen fuhr der Satan in ihn. Da sprach Jesus zu ihm: Was du tust, das tue bald!

28 Das aber wußte niemand am Tische, wozu er's ihm sagte.

29 Etliche meinten, dieweil Judas den Beutel hatte, Jesus spräche zu ihm: Kaufe was uns not ist auf das Fest! oder daß er den Armen etwas gäbe.

30 Da er nun den Bissen genommen hatte, ging er alsbald hinaus. Und es war Nacht.

31 Da er aber hinausgegangen war, spricht Jesus: Nun ist des Menschen Sohn verklärt, und Gott ist verklärt in ihm.

32 Ist Gott verklärt in ihm, so wird ihn auch Gott verklären in sich selbst und wird ihn bald verklären.

33 Liebe Kindlein, ich bin noch eine kleine Weile bei euch. Ihr werdet mich suchen; und wie ich zu den Juden sagte: "Wo ich hin gehe, da könnet ihr nicht hin kommen", sage ich jetzt auch euch.

34 Ein neu Gebot gebe ich euch, daß ihr euch untereinander liebet, wie ich euch geliebt habe, auf daß auch ihr einander liebhabet.

35 Dabei wird jedermann erkennen, daß ihr meine Jünger seid, so ihr Liebe untereinander habt.

36 Spricht Simon Petrus zu ihm: HERR, wo gehst du hin? Jesus antwortete ihm: Wo ich hin gehe, kannst du mir diesmal nicht folgen; aber du wirst mir nachmals folgen.

37 Petrus spricht zu ihm: HERR, warum kann ich dir diesmal nicht folgen? Ich will mein Leben für dich lassen.

38 Jesus antwortete ihm: Solltest du dein Leben für mich lassen? Wahrlich, wahrlich ich sage dir: Der Hahn wird nicht krähen, bis du mich dreimal habest verleugnet.

## 14. Kapitel

*Abschiedsreden Jesu. Verheißung des heiligen Geistes.*

1 Und er sprach zu seinen Jüngern: Euer Herz erschrecke nicht! Glaubet an Gott und glaubet an mich!

2 In meines Vaters Hause sind viele Wohnungen. Wenn es nicht so wäre, so wollte ich zu euch sagen: Ich gehe hin euch die Stätte zu bereiten.

3 Und wenn ich hingehe euch die Stätte zu bereiten, so will ich wiederkommen und euch zu mir nehmen, auf daß ihr seid, wo ich bin.

4 Und wo ich hin gehe, das wißt ihr, und den Weg wißt ihr auch.

5 Spricht zu ihm Thomas: HERR, wir wissen nicht, wo du hin gehst; und wie können wir den Weg wissen?

6 Jesus spricht zu ihm: Ich bin der Weg und die Wahrheit und das Leben; niemand kommt zum Vater denn durch mich.

7 Wenn ihr mich kenntet, so kenntet ihr auch meinen Vater. Und von nun an kennt

ihr ihn und habt ihn gesehen.

8 Spricht zu ihm Philippus: HERR, zeige uns den Vater, so genügt uns.

9 Jesus spricht zu ihm: So lange bin ich bei euch, und du kennst mich nicht, Philippus? Wer mich sieht, der sieht den Vater; wie sprichst du denn: Zeige uns den Vater?

10 Glaubst du nicht, daß ich im Vater bin und der Vater in mir? Die Worte, die ich zu euch rede, die rede ich nicht von mir selbst. Der Vater aber, der in mir wohnt, der tut die Werke.

11 Glaubet mir, daß ich im Vater und der Vater in mir ist; wo nicht, so glaubet mir doch um der Werke willen.

12 Wahrlich, wahrlich ich sage euch: Wer an mich glaubt, der wird die Werke auch tun, die ich tue, und wird größere als diese tun; denn ich gehe zum Vater.

13 Und was ihr bitten werdet in meinem Namen, das will ich tun, auf daß der Vater geehrt werde in dem Sohne.

14 Was ihr bitten werdet in meinem Namen, das will ich tun.

15 Liebet ihr mich, so haltet ihr meine Gebote.

16 Und ich will den Vater bitten, und er soll euch einen andern Tröster [Beistand (4)] geben, daß er bei euch bleibe ewiglich:

17 den Geist der Wahrheit, welchen die Welt nicht kann empfangen; denn sie sieht ihn nicht und kennt ihn nicht. Ihr aber kennet ihn; denn er bleibt bei euch und wird in euch sein.

18 Ich will euch nicht Waisen lassen; ich komme zu euch.

19 Es ist noch um ein kleines, so wird mich die Welt nicht mehr sehen; ihr aber sollt mich sehen; denn ich lebe, und ihr sollt auch leben.

20 An dem Tage werdet ihr erkennen, daß ich in meinem Vater bin und ihr in mir und ich in euch.

21 Wer meine Gebote hat und hält sie, der ist es, der mich liebt. Wer mich aber liebt, der wird von meinem Vater geliebt werden, und ich werde ihn lieben und mich ihm offenbaren.

22 Spricht zu ihm Judas, nicht der Ischariot: HERR, was ist's, daß du dich uns willst offenbaren und nicht der Welt?

23 Jesus antwortete und sprach zu ihm: Wer mich liebt, der wird mein Wort halten; und mein Vater wird ihn lieben, und wir werden zu ihm kommen und Wohnung bei ihm machen.

24 Wer mich aber nicht liebt, der hält meine Worte nicht. Und das Wort, das ihr hört, ist nicht mein, sondern des Vaters, der mich gesandt hat.

25 Solches habe ich zu euch geredet, solange ich bei euch gewesen bin.

26 Aber der Tröster, der Heilige Geist, welchen mein Vater senden wird in meinem Namen, [Der Beistand aber, die heilige Geisterwelt, die der Vater in meinem Namen senden wird (5)] der wird euch alles lehren und euch erinnern alles des, das ich euch gesagt habe.

27 Den Frieden lasse ich euch, meinen Frieden gebe ich euch. Nicht gebe ich euch, wie die Welt gibt. Euer Herz erschrecke nicht und fürchte sich nicht.

28 Ihr habt gehört, daß ich euch gesagt habe: Ich gehe hin und komme wieder zu euch. Hättet ihr mich lieb, so würdet ihr euch freuen, daß ich gesagt habe: "Ich

gehe zum Vater"; denn der Vater ist größer als ich.

29 Und nun ich es euch gesagt habe, ehe denn es geschieht, auf daß, wenn es nun geschehen wird, ihr glaubet.

30 Ich werde nicht mehr viel mit euch reden; denn es kommt der Fürst dieser Welt, und hat nichts an mir.

31 Aber auf daß die Welt erkenne, daß ich den Vater liebe und ich also tue, wie mir der Vater geboten hat: stehet auf und lasset uns von hinnen gehen.

## 15. Kapitel

*Fortsetzung. Christus der Weinstock.*

1 Ich bin der rechte Weinstock, und mein Vater der Weingärtner.

2 Eine jeglich Rebe an mir, die nicht Frucht bringt, wird er wegnehmen; und eine jegliche, die da Frucht bringt, wird er reinigen, daß sie mehr Frucht bringe.

3 Ihr seid schon rein um des Wortes willen, das ich zu euch geredet habe.

4 Bleibet in mir und ich in euch. Gleichwie die Rebe kann keine Frucht bringen von ihr selber, sie bleibe denn am Weinstock, also auch ihr nicht, ihr bleibet denn in mir.

5 Ich bin der Weinstock, ihr seid die Reben. Wer in mir bleibt und ich in ihm, der bringt viel Frucht, denn ohne mich könnt ihr nichts tun.

6 Wer nicht in mir bleibt, der wird weggeworfen wie eine Rebe und verdorrt, und man sammelt sie und wirft sie ins Feuer, und müssen brennen.

7 So ihr in mir bleibet und meine Worte in euch bleiben, so werdet ihr bitten, was ihr wollt, und es wird euch widerfahren.

8 Darin wird mein Vater geehrt, daß ihr viel Frucht bringet und werdet meine Jünger.

9 Gleichwie mich mein Vater liebt, also liebe ich euch auch. Bleibet in meiner Liebe!

10 So ihr meine Gebote haltet, so bleibet ihr in meiner Liebe, gleichwie ich meines Vaters Gebote halte und bleibe in seiner Liebe.

11 Solches rede ich zu euch, auf daß meine Freude in euch bleibe und eure Freude vollkommen werde.

12 Das ist mein Gebot, daß ihr euch untereinander liebet, gleichwie ich euch liebe.

13 Niemand hat größere Liebe denn die, daß er sein Leben läßt für seine Freunde.

14 Ihr seid meine Freunde, so ihr tut, was ich euch gebiete.

15 Ich sage hinfort nicht, daß ihr Knechte seid; denn ein Knecht weiß nicht, was sein Herr tut. Euch aber habe ich gesagt, daß ihr Freunde seid; denn alles, was ich habe von meinem Vater gehört, habe ich euch kundgetan.

16 Ihr habt mich nicht erwählt; sondern ich habe euch erwählt und gesetzt, daß ihr hingeht und Frucht bringt und eure Frucht bleibe, auf daß, so ihr den Vater bittet in meinem Namen, er's euch gebe.

17 Das gebiete ich euch, daß ihr euch untereinander liebet.

18 So euch die Welt haßt, so wisset, daß sie mich vor euch gehaßt hat.

19 Wäret ihr von der Welt, so hätte die Welt das Ihre lieb; weil ihr aber nicht von

der Welt seid, sondern ich habe euch von der Welt erwählt, darum haßt euch die Welt.

20 Gedenket an mein Wort, das ich euch gesagt habe: "Der Knecht ist nicht größer denn sein Herr." Haben sie mich verfolgt, sie werden euch auch verfolgen; haben sie mein Wort gehalten, so werden sie eures auch halten.

21 Aber das alles werden sie euch tun um meines Namens willen; denn sie kennen den nicht, der mich gesandt hat.

22 Wenn ich nicht gekommen wäre und hätte es ihnen gesagt, so hätten sie keine Sünde; nun aber können sie nichts vorwenden, ihre Sünde zu entschuldigen.

23 Wer mich haßt, der haßt auch meinen Vater.

24 Hätte ich nicht die Werke getan unter ihnen, die kein anderer getan hat, so hätten sie keine Sünde; nun aber haben sie es gesehen und hassen doch beide, mich und den Vater.

25 Doch daß erfüllet werde der Spruch, in ihrem Gesetz geschrieben: "Sie hassen mich ohne Ursache."

26 Wenn aber der Tröster kommen wird, welchen ich euch senden werde vom Vater, der Geist der Wahrheit, der vom Vater ausgeht, der wird zeugen von mir.

27 Und ihr werdet auch zeugen; denn ihr seid von Anfang bei mir gewesen.

## 16. Kapitel

*Fortsetzung und Schluß.
Vom Hingang zum Vater.*

1 Solches habe ich zu euch geredet, daß ihr euch nicht ärgert.

2 Sie werden euch in den Bann tun. Es kommt aber die Zeit, daß wer euch tötet, wird meinen, er tue Gott einen Dienst daran.

3 Und solches werden sie euch darum tun, daß sie weder meinen Vater noch mich erkennen.

4 Aber solches habe ich zu euch geredet, auf das, wenn die Zeit kommen wird, ihr daran gedenket, daß ich's euch gesagt habe. Solches aber habe ich von

Anfang nicht gesagt; denn ich war bei euch.

5 Nun aber gehe ich hin zu dem, der mich gesandt hat; und niemand unter euch fragt mich: Wo gehst du hin?

6 Sondern weil ich solches geredet habe, ist euer Herz voll Trauerns geworden.

7 Aber ich sage euch die Wahrheit: es ist euch gut, daß ich hingehe. Denn so ich nicht hingehe, so kommt der Tröster nicht zu euch; so ich aber gehe, will ich ihn zu euch senden.

8 Und wenn derselbe kommt, wird er die Welt strafen um die Sünde und um die Gerechtigkeit und um das Gericht:

9 um die Sünde, daß sie nicht glauben an mich;

10 um die Gerechtigkeit aber, daß ich zum Vater gehe und ihr mich hinfort nicht sehet;

11 um das Gericht, daß der Fürst dieser Welt gerichtet ist.

12 Ich habe euch noch viel zu sagen; aber ihr könnt es jetzt nicht tragen.

13 Wenn aber jener, der Geist der Wahrheit, kommen wird, der wird euch in

alle Wahrheit leiten. Denn er wird nicht von sich selber reden; sondern was er hören wird, das wird er reden, und was zukünftig ist, wird er euch verkünden. [Wenn aber jene Geisterwelt der Wahrheit gekommen ist, dann wird sie euch in die ganze Wahrheit einführen (6)]

14 Derselbe wird mich verklären; denn von dem Meinen wird er's nehmen und euch verkündigen.

15 Alles, was der Vater hat, das ist mein. Darum habe ich euch gesagt: Er wird's von dem Meinen nehmen und euch verkündigen.

16 Über ein kleines, so werdet ihr mich nicht sehen; und aber über ein kleines, so werdet ihr mich sehen, denn ich gehe zum Vater.

17 Da sprachen etliche unter seinen Jüngern untereinander: Was ist das, was er sagt zu uns: Über ein kleines, so werdet ihr mich nicht sehen; und aber über ein kleines, so werdet ihr mich sehen, und: Ich gehe zum Vater?

18 Da sprachen sie: Was ist das, was er sagt: Über ein kleines? Wir wissen nicht, was er redet.

19 Da merkte Jesus, daß sie ihn fragen wollten, und sprach zu ihnen: Davon fragt ihr untereinander, daß ich gesagt habe: Über ein kleines, so werdet ihr mich nicht sehen; und aber über ein kleines, so werdet ihr mich sehen.

20 Wahrlich, wahrlich ich sage euch: Ihr werdet weinen und heulen, aber die Welt wird sich freuen; ihr werdet traurig sein; doch eure Traurigkeit soll in Freude verkehrt werden.

21 Ein Weib, wenn sie gebiert, so hat sie Traurigkeit; denn ihre Stunde ist gekommen. Wenn sie aber das Kind geboren hat, denkt sie nicht mehr an die Angst um der Freude willen, daß der Mensch zur Welt geboren ist.

22 Und ihr habt auch nun Traurigkeit; aber ich will euch wiedersehen, und euer Herz soll sich freuen, und eure Freude soll niemand von euch nehmen.

23 Und an dem Tage werdet ihr mich nichts fragen. Wahrlich, wahrlich ich sage euch: So ihr den Vater etwas bitten werdet in meinem Namen, so wird er's euch geben.

24 Bisher habt ihr nichts gebeten in meinem Namen. Bittet, so werdet ihr nehmen, daß eure Freude vollkommen sei.

25 Solches habe ich zu euch durch Sprichwörter [Sinnbilder (7)] geredet. Es kommt aber die Zeit, daß ich nicht mehr durch Sprichwörter mit euch reden werde, sondern euch frei heraus verkündigen von meinem Vater.

26 An dem Tage werdet ihr bitten in meinem Namen. Und ich sage euch nicht, daß ich den Vater für euch bitten will;

27 denn er selbst, der Vater, hat euch lieb, darum daß ihr mich liebet und glaubet, daß ich von Gott ausgegangen bin.

28 Ich bin vom Vater ausgegangen und gekommen in die Welt; wiederum verlasse ich die Welt und gehe zum Vater.

29 Sprechen zu ihm seine Jünger: Siehe, nun redest du frei heraus und sagst kein Sprichwort.

30 Nun wissen wir, daß du alle Dinge weißt und bedarfst nicht, daß dich

jemand frage; darum glauben wir, daß du von Gott ausgegangen bist.

31 Jesus antwortete ihnen: Jetzt glaubet ihr?

32 Siehe, es kommt die Stunde und ist schon gekommen, daß ihr zerstreut werdet, ein jeglicher in das Seine, und mich allein lasset. Aber ich bin nicht allein, denn der Vater ist bei mir.

33 Solches habe ich mit euch geredet, daß ihr in mir Frieden habet. In der Welt habt ihr Angst; aber seid getrost, ich habe die Welt überwunden.

## 17. Kapitel

*Das hohepriesterliche Gebet Christi für sich, seine Jünger und seine Gemeinde.*

1 Solches redete Jesus, und hob seine Augen auf gen Himmel und sprach: Vater, die Stunde ist da, daß du deinen Sohn verklärest, auf daß dich dein Sohn auch verkläre;

2 Gleichwie du ihm Macht hast gegeben über alles Fleisch, auf daß er das ewige

Leben gebe allen, die du ihm gegeben hast.

3 Das ist aber das ewige Leben, daß sie dich, der du allein wahrer Gott bist, und den du gesandt hast, Jesum Christum, erkennen.

4 Ich habe dich verklärt auf Erden und vollendet das Werk, das du mir gegeben hast, daß ich es tun sollte.

5 Und nun verkläre mich du, Vater, bei dir selbst mit der Klarheit, die ich bei dir hatte, ehe die Welt war.

6 Ich habe deinen Namen offenbart den Menschen, die du mir von der Welt gegeben hast. Sie waren dein, und du hast sie mir gegeben, und sie haben dein Wort behalten.

7 Nun wissen sie, daß alles, was du mir gegeben hast, sei von dir.

8 Denn die Worte, die du mir gegeben hast, habe ich ihnen gegeben; und sie haben's angenommen und erkannt wahrhaftig, daß sie glauben, daß du mich gesandt hast.

9 Ich bitte für sie und bitte nicht für die Welt, sondern für die, die du mir gegeben hast; denn sie sind dein.

10 Und alles, was mein ist, das ist dein, und was dein ist, das ist mein; und ich bin in ihnen verklärt.

11 Und ich bin nicht mehr in der Welt; sie aber sind in der Welt, und ich komme zu dir. Heiliger Vater, erhalte sie in deinem Namen, die du mir gegeben hast, daß sie eins seien gleichwie wir.

12 Dieweil ich bei ihnen war in der Welt, erhielt ich sie in deinem Namen. Die du mir gegeben hast, die habe ich bewahrt, und ist keiner von ihnen verloren, als das verlorene Kind, daß die Schrift erfüllet würde.

13 Nun aber komme ich zu dir und rede solches in der Welt, auf daß sie in ihnen haben meine Freude vollkommen.

14 Ich habe ihnen gegeben dein Wort, und die Welt haßte sie; denn sie sind nicht von der Welt, wie ich denn auch nicht von der Welt bin.

15 Ich bitte nicht, daß du sie von der Welt nehmest, sondern daß du sie bewahrst vor dem Übel.

16 Sie sind nicht von der Welt, gleichwie ich auch nicht von der Welt bin.

17 Heilige sie in deiner Wahrheit; dein Wort ist die Wahrheit.

18 Gleichwie du mich gesandt hast in die Welt, so sende ich sie auch in die Welt.

19 Ich heilige mich selbst für sie, auf daß auch sie geheiligt seien in der Wahrheit.

20 Ich bitte aber nicht allein für sie, sondern auch für die, so durch ihr Wort an mich glauben werden,

21 auf daß sie alle eins seien, gleichwie du, Vater, in mir und ich in dir; daß auch sie in uns eins seien, auf daß die Welt glaube, du habest mich gesandt.

22 Und ich habe ihnen gegeben die Herrlichkeit, die du mir gegeben hast, daß sie eins seien, gleichwie wir eins sind,

23 ich in ihnen und du in mir, auf daß sie vollkommen seien in eins und die Welt erkenne, daß du mich gesandt hast und liebest sie, gleichwie du mich liebst.

24 Vater, ich will, daß, wo ich bin, auch die bei mir seien, die du mir gegeben hast, daß sie meine Herrlichkeit sehen, die du mir gegeben hast; denn du hast

mich geliebt, ehe denn die Welt gegründet ward.

25 Gerechter Vater, die Welt kennt dich nicht; ich aber kenne dich, und diese erkennen, daß du mich gesandt hast.

26 Und ich habe ihnen deinen Namen kundgetan und will ihn kundtun, auf daß die Liebe, damit du mich liebst, sei in ihnen und ich in ihnen.

## 18. Kapitel

*Gefangennehmung Jesu. Sein Bekenntnis vor dem Hohen Rat. Des Petrus Verleugnung. Verhör vor Pilatus.*

1 Da Jesus solches geredet hatte, ging er hinaus mit seinen Jüngern über den Bach Kidron; da war ein Garten, darein ging Jesus und seine Jünger.

2 Judas aber, der ihn verriet, wußte den Ort auch; denn Jesus versammelte sich oft daselbst mit seinen Jüngern.

3 Da nun Judas zu sich hatte genommen die Schar und der Hohenpriester und

Pharisäer Diener, kommt er dahin mit Fackeln, Lampen und mit Waffen.

4 Wie nun Jesus wußte alles, was ihm begegnen sollte, ging er hinaus und sprach zu ihnen: Wen suchet ihr?

5 Sie antworteten ihm: Jesum von Nazareth. Jesus spricht zu ihnen: Ich bin's! Judas aber, der ihn verriet, stand auch bei ihnen.

6 Als nun Jesus zu ihnen sprach: Ich bin's! wichen sie zurück und fielen zu Boden.

7 Da fragte er sie abermals: Wen suchet ihr? Sie sprachen: Jesum von Nazareth.

8 Jesus antwortete: Ich habe euch gesagt, daß ich es sei. Suchet ihr denn mich, so lasset diese gehen!

9 (Auf daß das Wort erfüllet würde, welches er sagte: Ich habe der keinen verloren, die du mir gegeben hast.)

10 Da hatte Simon Petrus ein Schwert und zog es aus und schlug nach des Hohenpriesters Knecht und hieb ihm sein rechtes Ohr ab. Und der Knecht hieß Malchus.

11 Da sprach Jesus zu Petrus: Stecke dein Schwert in die Scheide! Soll ich den

Kelch nicht trinken, den mir mein Vater gegeben hat?

12 Die Schar aber und der Oberhauptmann und die Diener der Juden nahmen Jesum und banden ihn

13 und führten ihn zuerst zu Hannas; der war des Kaiphas Schwiegervater, welcher des Jahres Hoherpriester war.

14 Es war aber Kaiphas, der den Juden riet, es wäre gut, daß EIN Mensch würde umgebracht für das Volk.

15 Simon Petrus aber folgte Jesu nach und ein anderer Jünger. Dieser Jünger war den Hohenpriestern bekannt und ging mit Jesu hinein in des Hohenpriesters Palast.

16 Petrus aber stand draußen vor der Tür. Da ging der andere Jünger, der dem Hohenpriester bekannt war, hinaus und redete mit der Türhüterin und führte Petrus hinein.

17 Da sprach die Magd, die Türhüterin, zu Petrus: Bist du nicht auch dieses Menschen Jünger einer? Er sprach: Ich bin's nicht.

18 Es standen aber die Knechte und Diener und hatten ein Kohlenfeuer

gemacht, denn es war kalt, und wärmten sich. Petrus aber stand bei ihnen und wärmte sich.

19 Aber der Hohepriester fragte Jesum um seine Jünger und um seine Lehre.

20 Jesus antwortete ihm: Ich habe frei öffentlich geredet vor der Welt; ich habe allezeit gelehrt in der Schule und in dem Tempel, da alle Juden zusammenkommen, und habe nichts im Verborgenen geredet.

21 Was fragst du mich darum? Frage die darum, die gehört haben, was ich zu ihnen geredet habe; siehe, diese wissen, was ich gesagt habe.

22 Als er aber solches redete, gab der Diener einer, die dabeistanden, Jesu einen Backenstreich und sprach: Sollst du dem Hohenpriester also antworten?

23 Jesus antwortete: Habe ich übel geredet, so beweise es, daß es böse sei; habe ich aber recht geredet, was schlägst du mich?

24 Und Hannas sandte ihn gebunden zu dem Hohenpriester Kaiphas.

25 Simon Petrus aber stand und wärmte sich. Da sprachen sie zu ihm: Bist du nicht

seiner Jünger einer? Er leugnete aber und sprach: Ich bin's nicht!

26 Spricht einer von des Hohenpriesters Knechten, ein Gefreunder des, dem Petrus ein Ohr abgehauen hatte: Sah ich dich nicht im Garten bei Ihm?

27 Da leugnete Petrus abermals, und alsbald krähte der Hahn.

28 Da führten sie Jesum von Kaiphas vor das Richthaus. Und es war früh; und sie gingen nicht in das Richthaus, auf das sie nicht unrein würden, sondern Ostern essen möchten.

29 Da ging Pilatus zu ihnen heraus und sprach: Was bringet ihr für Klage wider diesen Menschen?

30 Sie antworteten und sprachen zu ihm: Wäre dieser nicht ein Übeltäter, wir hätten dir ihn nicht überantwortet.

31 Da sprach Pilatus zu ihnen: So nehmet ihr ihn hin und richtet ihn nach eurem Gesetz. Da sprachen die Juden zu ihm: Wir dürfen niemand töten.

32 (Auf das erfüllet würde das Wort Jesu, welches er sagte, da er deutete, welches Todes er sterben würde.)

33 Da ging Pilatus wieder hinein ins Richthaus und rief Jesus und sprach zu ihm: Bist du der Juden König?

34 Jesus antwortete: Redest du das von dir selbst, oder haben's dir andere von mir gesagt?

35 Pilatus antwortete: Bin ich ein Jude? Dein Volk und die Hohenpriester haben dich mir überantwortet. Was hast du getan?

36 Jesus antwortete: Mein Reich ist nicht von dieser Welt. Wäre mein Reich von dieser Welt, meine Diener würden kämpfen, daß ich den Juden nicht überantwortet würde; aber nun ist mein Reich nicht von dannen.

37 Da sprach Pilatus zu ihm: So bist du dennoch ein König? Jesus antwortete: Du sagst es, ich bin ein König. Ich bin dazu geboren und in die Welt gekommen, daß ich für die Wahrheit zeugen soll. Wer aus der Wahrheit ist, der höret meine Stimme.

38 Spricht Pilatus zu ihm: Was ist Wahrheit? Und da er das gesagt, ging er wieder hinaus zu den Juden und spricht zu ihnen: Ich finde keine Schuld an ihm.

39 Ihr habt aber eine Gewohnheit, daß ich euch einen auf Ostern losgebe; wollt ihr nun, daß ich euch der Juden König losgebe?

40 Da schrieen sie wieder allesamt und sprachen: Nicht diesen, sondern Barabbas! Barabbas aber war ein Mörder.

## 19. Kapitel

*Jesus vor Pilatus. Geißelung. Dornenkrönung. Kreuzigung. Letzte Worte. Tod und Begräbnis.*

1 Da nahm Pilatus Jesum und geißelte ihn.

2 Und die Kriegsknechte flochten eine Krone von Dornen und setzten sie auf sein Haupt und legten ihm ein Purpurkleid an

3 und sprachen: Sei gegrüßt, lieber Judenkönig! und gaben ihm Backenstreiche.

4 Da ging Pilatus wieder heraus und sprach zu ihnen: Sehet, ich führe ihn heraus zu euch, daß ihr erkennt, daß ich keine Schuld an ihm finde.

5 Also ging Jesus heraus und trug eine Dornenkrone und ein Purpurkleid. Und er spricht zu ihnen: Sehet, welch ein Mensch!

6 Da ihn die Hohenpriester und die Diener sahen, schrieen sie und sprachen: Kreuzige! Kreuzige! Pilatus spricht zu ihnen: Nehmt ihr ihn hin und kreuzigt ihn; denn ich finde keine Schuld an ihm.

7 Die Juden antworteten ihm: Wir haben ein Gesetz, und nach dem Gesetz soll er sterben; denn er hat sich selbst zu Gottes Sohn gemacht.

8 Da Pilatus das Wort hörte, fürchtete er sich noch mehr

9 und ging wieder hinein in das Richthaus und spricht zu Jesus: Woher bist du? Aber Jesus gab ihm keine Antwort.

10 Da sprach Pilatus zu ihm: Redest du nicht mit mir? Weißt du nicht, daß ich Macht habe, dich zu kreuzigen, und Macht habe, dich loszugeben?

11 Jesus antwortete: Du hättest keine Macht über mich, wenn sie dir nicht wäre von oben herab gegeben; darum, der mich dir überantwortet hat, der hat größere Sünde.

12 Von da an trachtete Pilatus, wie er ihn losließe. Die Juden aber schrieen und sprachen: Läßt du diesen los, so bist du des Kaisers Freund nicht; denn wer sich zum König macht, der ist wider den Kaiser.

13 Da Pilatus das Wort hörte, führte er Jesum heraus und setzte sich auf den Richtstuhl an der Stätte, die da heißt Hochpflaster, auf hebräisch aber Gabbatha.

14 Es war aber der Rüsttag auf Ostern, um die sechste Stunde. Und er spricht zu den Juden: Sehet, das ist euer König!

15 Sie schrieen aber: Weg, weg mit dem! kreuzige ihn! Spricht Pilatus zu ihnen: Soll ich euren König kreuzigen? Die Hohenpriester antworteten: Wir haben keinen König denn den Kaiser.

16 Da überantwortete er ihn, daß er gekreuzigt würde. Sie nahmen aber Jesum und führten ihn ab.

17 Und er trug sein Kreuz und ging hinaus zur Stätte, die da heißt Schädelstätte, welche heißt auf hebräisch Golgatha.

18 Allda kreuzigten sie ihn und mit ihm zwei andere zu beiden Seiten, Jesum aber mitteninne.

19 Pilatus aber schrieb eine Überschrift und setzte sie auf das Kreuz; und war geschrieben: Jesus von Nazareth, der Juden König.

20 Diese Überschrift lasen viele Juden; denn die Stätte war nahe bei der Stadt, da Jesus gekreuzigt ward. Und es war geschrieben in hebräischer, griechischer und lateinischer Sprache.

21 Da sprachen die Hohenpriester der Juden zu Pilatus: Schreibe nicht: "Der Juden König", sondern daß er gesagt habe: Ich bin der Juden König.

22 Pilatus antwortete: Was ich geschrieben habe, das habe ich geschrieben.

23 Die Kriegsknechte aber, da sie Jesus gekreuzigt hatten, nahmen sie seine Kleider und machten vier Teile, einem jeglichen Kriegsknecht ein Teil, dazu

auch den Rock. Der Rock aber war ungenäht, von obenan gewirkt durch und durch.

24 Da sprachen sie untereinander: Laßt uns den nicht zerteilen, sondern darum losen, wes er sein soll. (Auf daß erfüllet würde die Schrift, die da sagt: "Sie haben meine Kleider unter sich geteilt und haben über meinen Rock das Los geworfen.") Solches taten die Kriegsknechte.

25 Es stand aber bei dem Kreuze Jesu seine Mutter und seiner Mutter Schwester, Maria, des Kleophas Weib, und Maria Magdalena.

26 Da nun Jesus seine Mutter sah und den Jünger dabeistehen, den er liebhatte, spricht er zu seiner Mutter: Weib, siehe, das ist dein Sohn!

27 Darnach spricht er zu dem Jünger: Siehe, das ist deine Mutter! Und von der Stunde an nahm sie der Jünger zu sich.

28 Darnach, da Jesus wußte, daß schon alles vollbracht war, daß die Schrift erfüllt würde, spricht er: Mich dürstet!

29 Da stand ein Gefäß voll Essig. Sie aber füllten einen Schwamm mit Essig

und legten ihn um einen Isop und hielten es ihm dar zum Munde.

30 Da nun Jesus den Essig genommen hatte, sprach er: Es ist vollbracht! und neigte das Haupt und verschied.

31 Die Juden aber, dieweil es der Rüsttag war, daß nicht die Leichname am Kreuze blieben den Sabbat über (denn desselben Sabbats Tag war groß), baten sie Pilatus, daß ihre Beine gebrochen und sie abgenommen würden.

32 Da kamen die Kriegsknechte und brachen dem ersten die Beine und dem andern, der mit ihm gekreuzigt war.

33 Als sie aber zu Jesus kamen und sahen, daß er schon gestorben war, brachen sie ihm die Beine nicht;

34 sondern der Kriegsknechte einer öffnete seine Seite mit einem Speer, und alsbald ging Blut und Wasser heraus.

35 Und der das gesehen hat, der hat es bezeugt, und sein Zeugnis ist wahr; und dieser weiß, daß er die Wahrheit sagt, auf daß auch ihr glaubet.

36 Denn solches ist geschehen, daß die Schrift erfüllet würde: "Ihr sollt ihm kein Bein zerbrechen."

37 Und abermals spricht eine andere Schrift: "Sie werden sehen, in welchen sie gestochen haben."

38 Darnach bat den Pilatus Joseph von Arimathia, der ein Jünger Jesu war, doch heimlich aus Furcht vor den Juden, daß er möchte abnehmen den Leichnam Jesu. Und Pilatus erlaubte es. Da kam er und nahm den Leichnam Jesu herab.

39 Es kam aber auch Nikodemus, der vormals in der Nacht zu Jesus gekommen war, und brachte Myrrhe und Aloe untereinander bei hundert Pfunden.

40 Da nahmen sie den Leichnam Jesu und banden ihn in leinene Tücher mit den Spezereien, wie die Juden pflegen zu begraben.

41 Es war aber an der Stätte, da er gekreuzigt ward, ein Garten, und im Garten ein neues Grab, in welches niemand je gelegt war.

42 Dahin legten sie Jesum um des Rüsttages willen der Juden, dieweil das Grab nahe war.

## 20. Kapitel

*Jesus erscheint nach seiner Auferstehung der Maria Magdalena, den Elfen und acht Tage darnach dem Thomas.*

1 Am ersten Tag der Woche kommt Maria Magdalena früh, da es noch finster war, zum Grabe und sieht, daß der Stein vom Grabe hinweg war.

2 Da läuft sie und kommt zu Simon Petrus und zu dem andern Jünger, welchen Jesus liebhatte, und spricht zu ihnen: Sie haben den HERRN weggenommen aus dem Grabe, und wir wissen nicht, wo sie ihn hin gelegt haben.

3 Da ging Petrus und der andere Jünger hinaus zum Grabe.

4 Es liefen aber die zwei miteinander, und der andere Jünger lief zuvor, schneller denn Petrus, und kam am ersten zum Grabe,

5 guckt hinein und sieht die Leinen gelegt; er ging aber nicht hinein.

6 Da kam Simon Petrus ihm nach und ging hinein in das Grab und sieht die Leinen gelegt,

7 und das Schweißtuch, das Jesus um das Haupt gebunden war, nicht zu den Leinen gelegt, sondern beiseits, zusammengewickelt, an einen besonderen Ort.

8 Da ging auch der andere Jünger hinein, der am ersten zum Grabe kam, und er sah und glaubte es.

9 Denn sie wußten die Schrift noch nicht, daß er von den Toten auferstehen müßte.

10 Da gingen die Jünger wieder heim.

11 Maria aber stand vor dem Grabe und weinte draußen. Als sie nun weinte, guckte sie ins Grab

12 und sieht zwei Engel in weißen Kleidern sitzen, einen zu den Häupten und eine zu den Füßen, da sie den Leichnam hin gelegt hatten.

13 Und diese sprachen zu ihr: Weib, was weinest du? Sie spricht zu ihnen: Sie haben meinen HERRN weggenommen, und ich weiß nicht, wo sie ihn hin gelegt haben.

14 Und als sie das sagte, wandte sie sich zurück und sieht Jesus stehen und weiß nicht, daß es Jesus ist.

15 Spricht er zu ihr: Weib, was weinest du? Wen suchest du? Sie meint es sei der Gärtner, und spricht zu ihm: Herr, hast du ihn weggetragen, so sage mir, wo hast du ihn hin gelegt, so will ich ihn holen.

16 Spricht Jesus zu ihr: Maria! Da wandte sie sich um und spricht zu ihm: Rabbuni (das heißt: Meister)!

17 Spricht Jesus zu ihr: Rühre mich nicht an! [*Diese Stelle ist im lateinischen übersetzt mit* **Noli me tangere**. *Im griechischen Original steht hier jedoch:* **Me mou aptou**, *zu dt.:* **Hänge dich nicht an mich**, *oder:* **Klammere dich nicht an mich** *(8)]* denn ich bin noch nicht aufgefahren zu meinem Vater. Gehe aber hin zu meinen Brüdern und sage ihnen: Ich fahre auf zu meinem Vater und zu eurem Vater, zu meinem Gott und zu eurem Gott.

18 Maria Magdalena kommt und verkündigt den Jüngern: Ich habe den HERRN gesehen, und solches hat er zu mir gesagt.

19 Am Abend aber desselben ersten Tages der Woche, da die Jünger versammelt und die Türen verschlossen waren aus Furcht vor den Juden, kam

Jesus und trat mitten ein und spricht zu ihnen: Friede sei mit euch!

20 Und als er das gesagt hatte, zeigte er ihnen die Hände und seine Seite. Da wurden die Jünger froh, daß sie den HERRN sahen.

21 Da sprach Jesus abermals zu ihnen: Friede sei mit euch! Gleichwie mich der Vater gesandt hat, so sende ich euch.

22 Und da er das gesagt hatte, blies er sie an und spricht zu ihnen: Nehmet hin den Heiligen Geist!

23 Welchen ihr die Sünden erlasset, denen sind sie erlassen; und welchen ihr sie behaltet, denen sind sie behalten. [Wenn ihr andern die Sünden vergebet, so werden sie euch selbst vergeben. Wenn ihr sie behaltet (oder nicht vergebet), dann werden sie euch selbst behalten (oder nicht vergeben) vergleiche auch: Matthäus 6, 14 + 15 Denn so ihr den Menschen ihre Fehler vergebet, so wird euch euer himmlischer Vater auch vergeben. Wo ihr aber den Menschen ihre Fehler nicht vergebet, so wird euch euer Vater eure Fehler auch nicht vergeben. (9)]

24 Thomas aber, der Zwölf einer, der da heißt Zwilling, war nicht bei ihnen, da Jesus kam.

25 Da sagten die andern Jünger zu ihm: Wir haben den HERRN gesehen. Er aber sprach zu ihnen: Es sei denn, daß ich in seinen Händen sehe die Nägelmale und lege meinen Finger in die Nägelmale und lege meine Hand in seine Seite, will ich's nicht glauben.

26 Und über acht Tage waren abermals seine Jünger drinnen und Thomas mit ihnen. Kommt Jesus, da die Türen verschlossen waren, und tritt mitten ein und spricht: Friede sei mit euch!

27 Darnach spricht er zu Thomas: Reiche deinen Finger her und siehe meine Hände, und reiche dein Hand her und lege sie in meine Seite, und sei nicht ungläubig, sondern gläubig!

28 Thomas antwortete und sprach zu ihm: Mein HERR und mein Gott!

29 Spricht Jesus zu ihm: Dieweil du mich gesehen hast, Thomas, glaubest du. Selig sind, die nicht sehen und doch glauben!

30 Auch viele andere Zeichen tat Jesus vor seinen Jüngern, die nicht geschrieben

sind in diesem Buch.

31 Diese aber sind geschrieben, daß ihr glaubet, Jesus sei Christus, der Sohn Gottes, und daß ihr durch den Glauben das Leben habet in seinem Namen.

## 21. Kapitel

*Jesu Erscheinung am See Genezareth. Frage an Petrus. Weissagung über ihn und Johannes. Schluß des Buches.*

1 Darnach offenbarte sich Jesus abermals den Jüngern an dem Meer bei Tiberias. Er offenbarte sich aber also:

2 Es waren beieinander Simon Petrus und Thomas, der da heißt Zwilling, und Nathanael von Kana in Galiläa und die Söhne des Zebedäus und andere zwei seiner Jünger.

3 Spricht Simon Petrus zu ihnen: Ich will hin fischen gehen. Sie sprechen zu ihm: So wollen wir mit dir gehen. Sie gingen

hinaus und traten in das Schiff alsobald; und in derselben Nacht fingen sie nichts.

4 Da aber jetzt Morgen war, stand Jesus am Ufer; aber die Jünger wußten nicht, daß es Jesus war.

5 Spricht Jesus zu ihnen: Kinder, habt ihr nichts zu essen? Sie antworteten ihm: Nein.

6 Er aber sprach zu ihnen: Werfet das Netz zur Rechten des Schiffs, so werdet ihr finden. Da warfen sie, und konnten's nicht mehr ziehen vor der Menge der Fische.

7 Da spricht der Jünger, welchen Jesus liebhatte, zu Petrus: Es ist der HERR! Da Simon Petrus hörte, daß es der HERR war, gürtete er das Hemd um sich (denn er war nackt) und warf sich ins Meer.

8 Die andern Jünger aber kamen auf dem Schiff (denn sie waren nicht ferne vom Lande, sondern bei zweihundert Ellen) und zogen das Netz mit den Fischen.

9 Als sie nun austraten auf das Land, sahen sie Kohlen gelegt und Fische darauf und Brot.

10 Spricht Jesus zu ihnen: Bringt her von den Fischen, die ihr jetzt gefangen habt!

11 Simon Petrus stieg hinein und zog das Netz auf das Land voll großer Fische, hundert und dreiundfünfzig. Und wiewohl ihrer so viel waren, zerriß das Netz nicht.

12 Spricht Jesus zu ihnen: Kommt und haltet das Mahl! Niemand aber unter den Jüngern wagte, ihn zu fragen: Wer bist du? denn sie wußten, daß es der HERR war.

13 Da kommt Jesus und nimmt das Brot und gibt es ihnen, desgleichen auch die Fische.

14 Das ist nun das drittemal, daß Jesus offenbart war seinen Jüngern, nachdem er von den Toten auferstanden war.

15 Da sie nun das Mahl gehalten hatten, spricht Jesus zu Simon Petrus: Simon Jona, hast du mich lieber, denn mich diese haben? Er spricht zu ihm: Ja, HERR, du weißt, daß ich dich liebhabe. Spricht er zu ihm: Weide meine Lämmer!

16 Spricht er wider zum andernmal zu ihm: Simon Jona, hast du mich lieb? Er spricht zu ihm: Ja, HERR, du weißt, daß

ich dich liebhabe. Spricht Jesus zu ihm: Weide meine Schafe!

17 Spricht er zum drittenmal zu ihm: Simon Jona, hast du mich lieb? Petrus ward traurig, daß er zum drittenmal zu ihm sagte: Hast du mich lieb? und sprach zu ihm: HERR, du weißt alle Dinge, du weißt, daß ich dich liebhabe. Spricht Jesus zu ihm: Weide meine Schafe!

18 Wahrlich, wahrlich ich sage dir: Da du jünger warst, gürtetest du dich selbst und wandeltest, wohin du wolltest; wenn du aber alt wirst, wirst du deine Hände ausstrecken, und ein anderer wird dich gürten und führen, wohin du nicht willst.

19 Das sagte er aber, zu deuten, mit welchem Tode er Gott preisen würde. Und da er das gesagt, spricht er zu ihm: Folge mir nach!

20 Petrus aber wandte sich um und sah den Jünger folgen, welchen Jesus liebhatte, der auch an seiner Brust beim Abendessen gelegen war und gesagt hatte: HERR, wer ist's, der dich verrät?

21 Da Petrus diesen sah, spricht er zu Jesus: HERR, was soll aber dieser?

22 Jesus spricht zu ihm: So ich will, daß er bleibe, bis ich komme, was geht es dich an? Folge du mir nach!

23 Da ging eine Rede aus unter den Brüdern: Dieser Jünger stirbt nicht. Und Jesus sprach nicht zu ihm: "Er stirbt nicht", sondern: "So ich will, daß er bleibe, bis ich komme, was geht es dich an?"

24 Dies ist der Jünger, der von diesen Dingen zeugt und dies geschrieben hat; und wir wissen, daß sein Zeugnis wahrhaftig ist.

25 Es sind auch viele andere Dinge, die Jesus getan hat; so sie aber sollten eins nach dem andern geschrieben werden, achte ich, die Welt würde die Bücher nicht fassen, die zu schreiben wären.

*Register:*

*(1) Übersetzungsalternative nach Urtext, vergl. Bibelübersetzungen: Menge, aber auch Elberfelder, Neue Züricher Bibel u.a.*

*(2) Übersetzungsalternative nach Urtext, vergl. Bibelübersetzungen: Menge, aber auch Elberfelder, Neue Züricher Bibel u.a.*

*(3) Übersetzungsalternative nach Urtext, vergl. Bibelübersetzungen: Menge, aber auch Elberfelder, Neue Züricher Bibel u.a.*

*(4) Übersetzungsalternative nach Urtext, vergl. Bibelübersetzungen: Menge, aber auch Elberfelder, Neue Züricher Bibel u.a..*

*(5) Übersetzungsalternative nach Urtext, vergl. Bibelübersetzungen: Menge, aber auch Elberfelder, Neue Züricher Bibel u.a..*

*(6) Übersetzungsalternative nach Urtext, vergl. Bibelübersetzungen: Menge, aber auch Elberfelder, Neue Züricher Bibel u.a., siehe auch: Johannes Greber, Der Verkehr mit der Geisterwelt Gottes*

*(7) Übersetzungsalternative nach Urtext, vergl. Bibelübersetzungen: Menge, aber auch Elberfelder, Neue Züricher Bibel u.a.*

*(8) Übersetzungsalternative nach Urtext, vergl. Bibelübersetzungen: Menge, aber auch Elberfelder, Neue Züricher Bibel u.a., siehe auch: Jean-Yves Leloup, Evangelium der Maria Magdalena*

*(9) Übersetzungsalternative nach Urtext, vergl. Bibelübersetzungen: Menge, aber auch Elberfelder, Neue Züricher Bibel u.a.*